行走的刘索拉

——兼与田青对话及其他

刘索拉／著

昆仑出版社

图书在版编目（CIP）数据

行走的刘索拉——兼与田青对话及其他／刘索拉著。
北京：昆仑出版社，2001.1
ISBN 7-80040-554-0

I.行… II.刘… III.随笔-作品集-中国-当代
IV.I267.1
中国版本图书馆 CIP 数据核字（2000）第 77828 号

书　　名：行走的刘索拉

作　　者：刘索拉
责任编辑：侯健飞
装帧设计：雅典工作室
责任校对：吴　汇
出版发行：昆仑出版社
社　　址：北京海淀区中关村南大街 28 号　　　邮编：100081
电　　话：62183683
http://5033.peoplespace.net.
E-mail:jfjwycbs@public.bta.net.cn
经　　销：新华书店发行所
印　　刷：三河市艺文印刷厂
开　　本：A5(148mm × 210mm)
字　　数：235 千字
印　　张：9.875
插　　页：25
印　　数：1-20000 册
版　　次：2001 年 1 月第 1 版
印　　次：2001 年 1 月北京第 1 次印刷
ISBN　7-80040-554-0/I · 414
定　　价：29.00 元

目录
Contents

田青．刘索拉简历

代序

我希望能像音乐般言语

古波斯 Sufi 诗人:哈非子[Hafiz]

译/刘索拉

我希望能像音乐般言语。
我希望能把游移的田野放进文字
让你能用身体紧贴真实
与之共舞。
我尽力用这粗糙的刷子，舌头，
与光来笼罩你。
我希望能像神乐般言语。
我要给你那丰厚的大地与天翼之节奏
像它们那样松弛地旋转，
松弛
紧贴上帝的清醇呼吸。
Hafiz 要你抓住我
紧贴你那珍贵的
身体
舞蹈，
舞蹈。

　　有天打开古波斯诗人哈非子（Hafiz）的诗集，见到这首诗，觉得它非常性感。哈非子是14世纪的人，写出来的对音乐之感受早超越了神秘，且充满了生理性又富于挑逗，性感得使赤裸裸的"贴面舞"都望尘莫及。这首诗让我听到波斯的手鼓声，看见长长的手指摸着鼓皮轻快地抖动，打出来的音色照我们录音棚里的行话说，不用调也是"湿"的。那种鼓一响起来，音乐的呼吸马上就在耳唇间，不由自主地身体就要往看不见抓不着的节奏那儿贴，要舞蹈。性感不等于性。你一旦感到了，抓一把到处都是。在节奏里，在声音里，在松弛的呼吸与动作中，在身体里。好的音乐往往很性感，真实、无矫揉造作、无包装、无掩饰、松弛。

　　松弛就是那个"游移的田野"。

　　很多人觉得作音乐的人很幸运。尤其是外行人，要么觉得作音乐的人好像天天在开联欢会；要么就觉得作音乐的人无形中天天都在和神仙对话。作音乐的人自己有时也爱瞎掰，人家一吹捧，自己也信了，其实真能"贴住上帝的清醇呼吸"不是很容易。更多的时候，我走在街上，觉得自己很像一个建筑工人。我不知道建筑工人是不是摸着砖头也能感到它性感，或者想抱着自己参与劳动的大厦跳"贴面舞"；如果不是的话，那我们音乐建筑工人的不同只是我们对建筑物随时都有要"贴面"的感觉，因此在干活的时候，老是过度兴奋。就这么点差别。

　　这本书是应解放军文艺（昆仑）出版社小侯编辑而约。最先主要收的是我与田青先生的对话，又附上几篇采访式对话及讲座记录。谈的主要是音乐，也主要是我这十几年在国外生活和干活儿的一个小侧面。看了看，大都是蓝调爵士乐之类的话题，多看了就有点儿贫，也怕会有越说自己越信之嫌。收了一些照片进去——加上唱片，成了"多媒体"，生怕读者多费脑子；但后来侯编辑一看，说是浅薄了，又怕读者觉得不够深刻，于是请了田青教授百忙之中再添几笔，田青就加了一堆横批，于是书中又多了不同角度的"谬论"。在我看来，田青这人当"汉子"的成分多于当"理论家"的成分，他总是刚深刻起来马上就感情冲动。作音乐的人，就是不能真深刻起来。怎么办？读者要是再不满足，我们也没辙了。此书能出版成这样儿，当然首先要感谢解放军文艺（昆仑）出版社的小侯编辑和小侯的首长们，但我也要特别感谢鲍昆先生及他的同事们对此书在出版前后的大力帮忙。哥们儿真是辛苦了！

话说回到音乐来，哈非子真是说了一句内行又很重要的话，这句话打死多少音乐家也不见得说得出来：紧贴真实与之共舞（……hold Truth Against your body And Dance）。

智者听音乐就听出真理来了，我们作音乐的人其实倒常常不知"紧贴"着的是什么东西。

闹了半天，活着就是那么一点点儿事情。

刘索拉
2000 年 6 月于纽约

Music Means not Only Sound
音乐不仅是声音
◎与田青先生对话

　　无论过去，现在还是将来，这篇关于音乐、艺术和人生的对话都将凸显它的重要性。刘索拉和田青都是对中国文化艺术有所贡献的人，用任何漂亮的词语来形容他俩的才华和贡献都不会过分，但这会让他们觉得不舒服——这不仅仅是谦卑。刘索拉和田青是很要好的朋友，他们相对而坐，一杯清茶，一曲音乐，话题自然而绵软，但我们却在他们轻描淡写的对话中听出另一种味道，另一种思考。

——编者

音乐不仅是声音

Music Means not Only Sound

田｜青｜与｜刘｜索｜拉｜对｜话｜录

田青→前些时候听了你回国后搞的那场音乐会，就是那场"刘索拉与她的朋友们"，有些感受。这是在一个爵士音乐节上的爵士音乐会，但听了后却感觉与一般印象中的爵士音乐不完全一样。那么，我倒是觉得，它的意义就在于你找到了一种把爵士音乐与你的母文化、与中国的传统音乐结合的东西，而在这种把中国音乐的精髓与西方流行的音乐形式结合的同时，你还没有忘记你自己的个性。换句话说，你似乎在保持和张扬自己个性的同时，找到了一种把东西方两种不同音乐概念和形式融合在一起的一条路。我觉得这是非常有益的一种尝试。但从另一方面说，正像你说过的那样，它又是一个什么都是，同时什么都不是的非驴非马的东西。它既不是东方的，也不是西方的。也许，在场的西方听众，会从你的音乐中听到一种他们认为是东方的东西，而对中国听众来讲，你又带来了一种能够震撼他们的、来自西方的东西，所以，我很想听听你自己怎么看待自己的作品，而你出国之后的这些年来，在音乐方面你又做了哪些思考。

刘索拉→其实，音乐是一种特别不能掩盖的东西，尤其是我做的这种东西，就是所谓的爵士乐。对我来说，爵士乐不仅是一种音乐发展的特殊手法，而且还是一种生命哲学。爵士乐是不能骗人的。一上台，该怎么着就得怎么着，你是什么人就是什么声音。因为它不是事先设计得特别严密的。虽然我的音乐设计很结构化，因为我想利用爵士这种东西再进行一种创造，不遵守爵士乐的曲式结构，也不用爵士的和声结构，而是用我自己创造的一种结构，和声结构也是根据我的音乐结构布局的。在这种设计好的音乐造型中，我给每一个音乐家都留了空间。就是说，除了写下来的调子外，剩下的有些空间要留给音乐家作较量，就是打擂台。音乐家打擂台的时候，你是谁就是谁，这个时候见仁见智，音乐家的素质就表现出来了。这也包括我自己。比如说，我在一个曲子里面，有的时候可能会写五分之四，有的时候就写了五分之二，剩下的五分之三都是我在台上当时的表现。而这种表现，有的时候是赤裸裸地在表现。有的时候会搭一个架子，乐队的架子都搭出来了，但是我的架子还没搭出来，就是为了到时候我有一个能够表现的空间。在这个空间里，使人感到特别悲哀的是，经常你会非常赤裸裸的。因为没有余地，没有时间让你假装，没有提供这样一个基础。有的时候脑子里转出什么你就说什么，这时候是谁就是谁了，今儿就今儿，没辙。

田青→我听你说到这儿有一个感想，是不是你到了西方找到了一种能更赤裸裸地、更真实地表现你自己的、或者说可以

把自己完全放进去的音乐？因为在我们中国的音乐里，现在也许缺的正是这种东西。但实际上，中国古代的音乐中有许多音乐也有一种即兴性，包括很多合奏形式，比如我们大家熟悉的"十番"啊、"江南丝竹"啊、北方的"笙管乐"啊。其中有许多地方是可以张扬自己个性的，比如在北方吹管乐里的唢呐，吹到高兴的时候，是完全可以自己"海吹"的。但是，现在大家在舞台上看到的"中国音乐"，的确大部分是没有个性的，是很难让你表现自己的。那么，你本来是学西方古典音乐的，可到了西方找到了爵士乐，是不是你觉得这种音乐更能把自己完全放进去，更能赤裸裸地、不改样儿地把自己呈现出来？

刘索拉→ 其实这是一个教育问题。我直到发现爵士乐之后，而且是发现了自由爵士乐后，才发现了有这么一条路。越懂得多越发现，其实中国音乐里早就有这种较量。但是，就是你刚才说的，我们后来的教育不提倡这个，把所有的老一辈发疯发完了的东西，给记谱了，记完了以后，就交给下边的人，一代一代传下来，说这是大师的谱子，不能变。就这么传下来，可是谁也别忘了，当时听古琴曲，比如说传统古琴曲，那叫什么，"潇湘水云"之类的，还有听传统琵琶曲，那里面含有作曲者的人生哲学，他是在即兴发挥，只不过我们后来把它变成了谱子，而且还要分析，加上词，说这一段是描写大好山河；那一段是描写什么豪情壮志等等。这么一弄，那个曲子的真正意义就全没有了。只有你把这些东西全扔掉，你就听着音乐，想着这是那个音乐家的思维的反映，反映到手上，它就出来了。

这个时候是最有意义的。你都用不着想为什么作曲者在这儿表现了这个曲式？为什么他在这儿发展了？没有为什么，他的脑子当时就这么一转，音符就出来了。经常是这样出来的。那些音乐是与他的神经系统、脑力活动、血液循环、生理需求、健康状况等等全是有关的。其实，老一代的古谱里肯定是有许多这样的东西，只不过我们的教育方法有问题，没这么教。对我来说，仔细想想挺可怜的，三十年来我受的教育，都是按书本和谱子来的，学大师作品，分析大师作品，都是这样下来的。完了以后呢，到了国外我得重新来，重新找。在国内时，我就特别想找到一种东西，能发挥我的个性，可是我在国内就是找不到这种东西，就是不知道该怎么办。到了国外，我觉得我像是在爬着走，一点儿一点儿，一步一步，一个曲子一个曲子地熬，来发现什么东西才是我真正想要的，能表现我个性的。比如说先从学蓝调开始，学完蓝调以后，才懂得什么是说唱音乐。现在想起来，觉得那时特别傻，明明中国摆着那么多的说唱音乐，不懂。以前听说唱音乐的时候，老一辈给你教了好多社会背景分析，曲式分析，然后告诉你这谱子是这么下来的，这点儿是这么唱的，这个曲牌是什么意思，都是学术性的东西，我就记住了。可是我就没弄明白，小彩舞的嗓子为什么那么沙哑？为什么她唱那一句的时候，要带一个滑彩下去，她为什么到后头又挑上来了？那个意义并不是说，小彩舞在这一段表现了祖国的山河更加壮丽，根本不是那么回事。老艺人在这时候，她要显示她嗓子的东西，她嗓子的功夫就在这里，这是她对那一句的人生理解，和她对那一乐句的生理反应，因此声

我在纽约

音这么一拖一吊，她才觉得舒服。以前没有人这么告诉我，所以 30 岁还得去学蓝调，去听黑人朋友讲人生。他们告诉我怎么唱蓝调，然后再去体验蓝调的人生观，又得学两年，才能真正进入一种生活的状态。先进入了黑人的生活状态，感到黑人生活状态，反过来再去想自己那些东西，突然觉得我懂了。闹了半天，1949 年以前的老艺人，就是这种状态。我当时怎么没直接就这么学？还得跟黑人学，学出来才知道，闹了半天，我们中国也有这玩艺儿。它只不过是调式、调性不一样，说的词不一样，其实呢，它的哲学观和它的审美观都是一样的。民间艺术（它）要说故事，它要吸引人，而民间艺人的生理状态，他就是要用他的原嗓儿唱故事，就是在唱故事的时候，他要显示他的原嗓儿的力气和魅力，就用不同的技术来表示，因为他们每个人的嗓子不一样，所以有人往低了走，有人往高了走。而且他们说哭，说笑，说悲哀，都有一种统一的感觉。再加上民间艺人的生活不稳定感，他们的演唱中总带着他们每人的生活经历留下的特点。全世界的民间艺人都有一种统一的感觉。它就会使旋律特别地丰富，高挑，往下沉，包括像梆子那种高音的喊，秦腔那种沙哑的叫。这里边也全有，但是分析的方法不一样，教育的方法不一样，我们的教育忽略了它们人性的一面，而突出了学术的一面。于是乎，我们没学到人性，可是一个作曲家的人性是非常重要的。一个作曲家先得感觉到自己，人的身体是在音乐里头，而且你的人性也在里头。我觉得那样音乐才能出来。作音乐得先感到自己的身体，而我等于是倒着走，所以我觉得我的路走得特长，特冤枉。这玩艺儿都是在二十多岁时就应该知道的，可是我不知道。我从小就被教育控制得净玩儿脑力游戏了。我还得重新去学蓝调，然后又发现爵士，还不是传统爵士，传统爵士比较死板一些，是自由爵士。传统爵士的音调特别典型，特别美国化，确实感到还有距离，只有在自由爵士里头，你有所余地。通过自由爵士，再去懂得传统爵士和爵士的人生观。这又需要一段时间。懂得这个音乐的时候呢，我也不能照搬，首先我不能搬爵士音乐，我也不能搬蓝调音乐，我不是美国人。但是什么东西是我自己的？从哲学意义讲，而不只是曲式学和音乐形态，也不能光从学术与音乐的角度来讲，这是"爵士"，那不是"爵士"。如果你把这个弄懂了以后，其实就很容易找到你自己的一个声音。所以呢，爵士对我来讲，是一种哲学，是一种人生观，是一个怎么活着，怎么说话的东西。包括蓝调，其实也是这么一个东西，它不光是一个音乐的东西。

　　田青→你一开始便提到音乐里的真诚，这的确是一个非常重要的、而且是本质的问题，但另一方面又是一个长期被我们忽略的问题。刚才我们的谈话还牵扯到一个目前很多人都反省的问题，即我们的音乐教育。我也写过一些文章批评这四五十年来的音乐教育。我的着眼点是：第一，我们目前的音乐模式，基本上是西方的模式。其中一半是学习前苏联的，另一半是"改革开放"以来学习西方现代的一些思想、方法。前苏联的模式，实际上也是西方19世纪末、20世纪初的东西，除去意识形态的部分，它的教育思想和方法，总的来说还是西方的体

田青教授

系。现在，越来越多的人认识到，这种体系里教育出来的学生，他们与自己的母文化，与中国传统音乐的关系，被忽略了，被剪断了。你自己刚才说也是到了美国先找到蓝调后才发现中国也有类似的传统。现在国内的许多青年人也是这样，他们在西方的乡村歌手那里"发现"了一种可以直接表达自己情绪的、可以"说"、可以说自己心里话的音乐，许多作曲家也在学这些东西。但实际上，我们自己本来就有这些东西。拿说唱音乐来讲，我们其实最有历史和传统。自从佛教传入中国，也就是公元前后的时候，说唱音乐便逐渐流行。从魏晋的"唱导"，到隋唐的"俗讲"、"变文"，都是一种连说带唱的形式，都是佛教徒为了给老百姓讲佛经，讲佛教的教义才发明、运用的一种音乐形式。我们现在读研究生，都要有一个"导师"，这个"导师"，也就是"唱导师"，原来就是指佛教说唱音乐的演唱者的。大家都知道现在有一个"敦煌学"，敦煌学所研究的对象，也就是"敦煌卷子"——在北京、在巴黎、在伦敦、在莫斯科，都藏有不少敦煌卷子。这所谓的"卷子"，其实就是当时"俗讲"的底本，也就是当时说唱音乐的唱词。当时，佛教的"俗讲"是非常盛行的，这从唐诗中就可以看出来："街东街西讲佛经，撞钟吹螺闹宫廷"呀，"仍闻开讲日，湖上少渔船"呀，都是说当时说唱音乐的盛况的。而且，这种说唱音乐一直演变、延续下来，甚至影响到近代的中国传统音乐。比如南方的弹词，便可以看成是古代说唱音乐的遗绪。说到近代的说唱音乐，大家都很熟悉了，像南方的弹词系统——包括苏州弹词、扬州弹词等等；北方的鼓词系统——包括京韵大鼓、梅花大鼓、西河大鼓等等，其实是非常流行的。甚至一直到五六十年代，都很盛。当时是为政治服务嘛，说唱这种形式它特别适合为政治服务，唱英雄人物，唱黄继光、唱董存瑞，有很多。实际上，说唱音乐在中国的衰落，是在西方现代音乐、当代音乐大量进入中国后才开始的。在西方强势文化涌入后，中国的几乎所有传统文化都在逐渐式微。这种逐渐式微的结果，便是改革开放20年后，这一代年轻人不知道中国也有说唱音乐，再去美国学说唱。

刘索拉→我是到了美国才懂了说唱音乐的精神。以前知道有说唱音乐，但是没有什么特别的感受。到了美国学了蓝调以后拿起《今古奇观》一看，突然看出调子来了！想到以前的文学一定有很多是来自说书人的段子…… 我倒不觉得民乐学生学西方和声有什么坏处。举一个例子。比如说吴蛮吧，因为她五线谱识得特好，我常说她识谱的感觉就跟钢琴系的差不多，所以她就什么都能弹。你给她写一个琵琶协奏曲，你可以不给她写中国的，就是外国的作曲家给她写一个琵琶协奏曲她也能弹。你给她写十二音她也能弹。因为她的识谱特别好，而且她对基础和声有了一种理解，所以她反而使琵琶这种乐器扩大化了。如果说一个非常民族性的琵琶手，只知道工尺谱，不太知道西方理论，他就有可能对付不了现在的这种多元文化，也就是说比较宽广的多方面创作形式的这么一个世界。我觉得这个世界的前景，是一个打破国界的前景，所以我觉得，纯民族主义的东西，会有一种障碍。民族文化特别重要，但是我觉得强

调太纯粹的民族主义，会对艺术家有一种障碍，比如说，我出去以后，多亏了我的西方音乐的底子，使我非常快地理解我想要找到的东西。就是说，我喜欢的声音，一听我就知道是怎么做出来的。我没有什么坎儿，那是因为受了音乐学院的教育，所以我没有这方面的技术问题。如果没有学院的教育，就会有技术问题。但当然对于一些作曲的人来说是远远不够的。反过来说，为什么我们现在听到中国的搞爵士音乐的人只是在摹仿西方爵士音乐，为什么这想像力没有超出摹仿呢？为什么搞流行音乐的人只会摹仿别人的流行音乐呢？是他的底子不够，音乐教育不够，他整个的音乐教育都不够宽。他的音乐教育应该

中国青年琵琶演奏家吴蛮在排练《中国拼贴》/1995/摄影／刘索拉

是东西方的全面教育。我倒觉得我们当时上音乐学院的时候，音乐学院的民族音乐教育还是给我们打了一个挺好的底子，因为我们每年都去采风，这个对我们来说是挺有用的。基本上我们班的同学你就说他骗人哪还是没骗人哪，招摇撞骗哪，出卖民族文化哪，挂羊头卖狗肉欺世盗名哪，还是为国争光哪，不管怎样吧，反正最起码他有一种东西，他能不管东南西北，拳打脚踢地应付一阵子。就是因为教育的底子给他打下了。我倒觉得受的教育越全面，就是说东西方文化教育越全面，对艺术家的发展越有好处。另外，我觉得教育的问题倒不仅仅是一个知识的问题。我们现在说的是比知识更重要的一个事情。知识是应该有的，我同意你的说法，学民族音乐的人应该懂得中国古代音乐的传统。我觉得在教育上咱们特别缺乏细节，咱们的教育可能有点儿糙。比方学传统音乐，就把曲目学了，把谱子给你翻译成简谱，或是五线谱，让你把大概的基础学了，但是没有学到古代文人的细节。比方说传统古谱的细节，读古谱本身是一种教养，是一个细节，如果你能读古谱，那你这个人的教养一下就高了一块，你的精神境界都高了一块。这是一个细节，我觉得我们忽略了这个东西。细节是一个教养问题，包括对西方文化的理解，我们常忽视细节。拿穿衣服举例子吧，这件事看起来很小，但也代表了一个人的文化素养。可是我们现在灌输的，比如说时装，时装杂志给你灌输的是什么叫做休闲装，什么叫做上班装，但却不灌输你审美，不灌输你休闲装或上班装背后的那种文化的东西，什么人穿这样的休闲装，什么人穿那样的上班装，这个又是文化。所以，现在我们有许多文

化教育都缺少细节，一些小的细节，只有有了细节，才开始有个性。我们的教育忽视个人性，就是个性，而且有太多的观念，就像我刚才说的，如果要是给你一个古曲，分析的时候，就只说这个曲牌有多长，哪个是A段、B段、发展段什么的，然后是这个是表现什么的，为什么这样，哪个材料跟哪个材料是对峙的等等。其实现在想起来，真是，那种东西太多了，那种东西可以有一些，但是我觉得有很多东西应该是另外一种说法。

田青→ 对教育本身来讲，其实所有的教育都是庸才教育，所谓"庸"，就是"平庸"、"中庸"，就是"中间"。因为教育制度是面向大众的，而天才和蠢才都没有办法教育，所以，所有的教育制度都是削去两头，只对中间。当然，所有的教育制度也都有例外，比如你刚才举的你的例子和吴蛮的例子。但我认为，你和她的例子都是一种例外，在这样的教育体制下，居然还没有把你们的个性全抹杀，这本身就是个奇迹。其实，我所谈的教育的弊端和你所谈的你个人的感受，我们的着眼点还不大一样，我看的不是个别的佼佼者，而是看在这样一个教育体制下培养出的大部分学生。我们目前的音乐教育体制，也就是音乐学院的所谓"学院派"教育，可以说是一种几乎完全脱离了传统文化、脱离了母文化的一种教育。你刚才说得对，东西方的音乐我们都应该学。我其实不是简单地反对学什么，或提倡学什么，更不是反对学西方和声和东方乐理，这就像我主张重视母语教育，但同样主张应该学好外语一样。但是，母语和外语，还是应该有区别，尤其是作为一种文化。无论任何一个民族，都把母语教育放在第一位。而我们目前音乐学院的民族音乐教育，基本上是一种脱离了民族音乐传统的教育，是一种与我们民族音乐自己的传承方式完全不同的教育体系。比如二胡或琵琶的教学，便学习小提琴和钢琴的教育模式，提倡拉练习曲，二胡有二胡的练习曲，琵琶有琵琶的练习曲，强调所谓技术的训练，这种教育，有没有成绩？当然有。我们目前全国有9所音乐学院，这些学院，每年都成批量的生产出许多中等水平的演奏家，他们都掌握了一批基本曲目，技术上也都可以，但他们中间大部分所学的东西、所演奏的东西，常常离我们民族文化的精髓太远了。我前几天从台湾参加一个学术会议回来经过香港，正好赶上香港琴人的一个琴会，就是像所谓文人雅集一样的琴人雅集。当时弹琴的有六七位香港的古琴家，还有一位大陆相当不错、也有一定名气、经常出国演出的古琴家。香港的这几位古琴家，是真正传统意义上的琴人，他们都有自己的职业，有大、中学的教师，有医生，有技术人员，有企业家，都是业余弹琴，用我们的话来说，都是业余的。他们每隔一段时间，就聚会一次，弹琴、品茶、论道，与千百年来中国古代文人、琴人的生活方式基本是一样的。听他们几位弹琴，我深深地触到了中华文化的底蕴，感受到一种仍然还活着、仍然还在跳动着的这个传统文化的脉搏。而我们大陆的这位古琴家，是我们音乐学院培养的，过去，我听过她弹琴。但这次她和这些香港琴人一起弹琴，哎呀，那区别可就太大了。我们这位古琴家，光从技术上说，不但不比他们差，甚至可以说比他们中的大部分都好——她的音准、她的节奏感、她的技

巧、她的熟练程度，可以说是比他们都好。可是，她音乐的韵味，她音乐中的内涵，跟人家一比，可就差太多啦！我不知道你练没练过书法？中国的书法，尤其是写行书、草书时，讲究一种"涩"感，就是强调笔和纸摩擦时产生的那种力度，所谓"力透纸背"的那种感觉，也就是说，笔锋在纸上运行时，要吃力。不管写行书还是写草书，都要有顿有挫，"宁拙勿巧，宁涩勿滑"。其实，书法最怕的就是"滑"，就是"流利"，一滑，那字就没法看了。而我们的这位古琴家，她所弹的琴，就没有这种"涩"的感觉，那么流利，那么油滑，她给人的感觉，弹的都是技巧，但就是没有音乐。或者说，有音乐，但音乐没有内涵。更可怕的是，那天我很委婉、很客气地问她听那几位琴人弹琴的感觉，她竟浑然不知。她根本没有感觉到自己的弱点在哪里，也许，甚至还以为自己比他们都强！这其实不是她的问题，这就是我所说的我们的教育体系、教育方法的弊病！

刘索拉→我加一句，其实这就是我们的教育制度里，没有人文。这是另外一课。就是说，我觉得从技术上来说，我们的教育不错，但是普遍的来说，我觉得我们的人文特别差。几乎所有的音乐家都没有人文教育，除非你自己再去看书。我们就是太缺这种教育。

田青→这我同意。比如说傅聪，在西方，比他技术好的钢琴家可以说是大有人在；就是在中国，目前音乐学院里学钢琴的学生，如果光讲技术，比他好的也有不少。但为什么不论在西方，还是他回到中国，都还有很大的市场，其实就是你刚才所说的人文两个字。也就是说，他的琴，有他的与众不同的文化背景和独特的对音乐的理解和阐述，他弹的其实是文化，不是技巧。而我们音乐学院所教的，就是技巧。对这一点，我们许多人都有一致的看法，就是我们音乐教育的弊端，就是轻文化，重技巧。还有一点，就是重西方的东西，轻中国传统的东西。你刚才讲到的采风也好，你们这几位同学对传统音乐的学习也好，其实就是你们这几个人。现在很多人都认为你们班这批人，郭文景呀，谭盾呀，叶小纲呀，是中央音乐学院历史上培养的最出色的一批人，是前无古人，后无来者的。但即使是你们这批人，也存在着"卖狗皮膏药"的现象，对自己传统的东西，知道的真是不多。但是他知道这好，虽然知道的不多，但他敢拿出来唬外国人。不过，我们还是不谈少数精英人物或成功人士的例子，我们还是就整个教育来谈。忽略音乐上的母语教育的结果，就是造成这样一些现象，比如音乐学院里学民乐的学生总觉得低人一等，总觉得拎二胡匣子没有拎小提琴匣子"酷"，甚至连我们的中央民族乐团也觉得去了趟维也纳有多了不起，总觉得只有外国人说好了，我们才是真正好了。虽然他从事的是民族文化工作，但他自己心里其实瞧不起这个文化。所以现在总提"后殖民主义"——虽然殖民地没有了，殖民主义者也回去了，甚至许多过去的殖民国家整天都在大讲第三世界的东西了，但我们自己根深蒂固的、挥之不去的，却是一种隐藏着的自卑心理。当然，对于一个世界级的音乐家而言，民族主义是不够的，他应该是一个世界主义者。但是，对

民族主义，我们还是应该把它放到一个特定的历史环境中看，假如一个社会，弥漫着一种民族虚无主义，或以一种崇洋媚外的思潮做主流的时候，我觉得这个时候应该提倡民族主义。假如情形正相反，整个社会民族情绪高涨，甚至排外、仇外、闭关自守、敌视其他民族，这个时候，我觉得就应该反对狭隘的民族主义，提倡一种更高尚的东西。

刘索拉→我觉得现在谈什么大的东西都很空，而且民族主义谈多了，又会成为一个框架，因为咱们中国特别喜欢有一个

我与新民族大乐队的演出 ／2000.11／_摄影／鲍昆

框架。比如像上次电视台的人就戏曲的专题问我，是不是只有民族主义的东西才能使我们国家振奋起来，所以我们要振奋民族主义。是不是民族主义的东西使我们国家开始进入世界，所以我们要搞民族主义。当任何一种东西变成框架的时候，就会出现许多假的东西，有很多东西就是假的。我觉得刚才你指出的那些问题，就是中国民族音乐家不懂得中国的传统音乐，或者说中国的整个音乐界，甭管是民族音乐家，还是西方训练的音乐家，整个没有人文的教育。其实这都不是大学的错误。而是小学的错误，是从小学就没有教育好的错误。对我们这帮人来说，经历了"文化大革命"，教育从小学，从初中那儿就没了。这就是一个大损失，所以我们这帮人其实特别糙。因为文化，就像你说的，香港的那几个古琴家，弹得可能没有那么快，但是他们整个的格调在那儿。文化是一个几代人的东西。它不是一代人在音乐学院学了两年，就以为能懂得音乐。音乐是一个从小就有的感觉。尤其现在搞商业化的小歌星什么之类的，

80年代中在傣族地区采风。老乡们给我吃生牛肉，蘸鲜血就薄荷叶子。血里面拌的是牛刚嚼完还没消化到大肠去的草料。其实我就是吃进去了一肚子牛屎也还是得不到傣族音乐的精髓。人家能跟着孔雀跳舞，我最多不过是做作地把人家的东西拿去作"艺术加工"。所以我没吃。

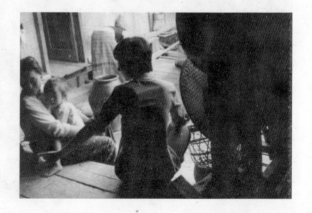

那些已经根本与音乐无关，与文化无关的人，一夜之间突然就变成了一个文化的代表。在这种世界，我觉得需要的是小学教育，而不是大学教育，这没法去怪大学。包括我们这代人，连小学的教育都不全，压根儿就没文化，突然被当成了天才，再给送到大学去培养五年，说培养出一个天才来，这怎么可能？除非就像你说的，可能一百个学生里出了半个看着像的，二百个学生里才出了一个看着像的，也不知道多少年才出来一个残废天才。没成天才的怎么办？就只落个残废。

田青→我插一句，刚才我们说的这个现象，其实还有一个特别可悲的事实，就是音乐和别的东西不同，音乐是一个非常技术的东西，所以它非常可能把一个根本没文化的人训练成一个音乐天才。这种现象在其他领域里可能很少见，但在音乐领域里却挺多。

刘索拉→其实西方人占了一个大便宜，就是全世界的人都学西方音乐。可音乐这东西是和文化连着的。比如说中国出去的搞西方音乐的音乐家，经常感觉到一点，虽然我这一个曲子弹好了，或者我的一个曲子唱好了，但是其实我根本不懂这个曲子的背后是什么东西。因为老师就只告诉我这个曲子就这么处理，这个音就应该这么处理，我能处理得参加国际比赛拿一等奖，但是当我拿到另外一个谱子的时候，这个谱子老师没教过，我就不会了。但是西方音乐家就会，他们就算拿不了奖，但他们对所有作品都能很快地理解。为什么呢？第一，因为这

笑得像柿子一样

小人精

是他们自己的东西，他们整个的文化，包括吃喝拉撒睡，都是和这个谱子有联系的。第二，他们几代人都会在家里说"哦，这个音色×××弹得真好，你知道你爷爷年轻的时候有什么唱片就如何如何……"他有一种从小传下来的感觉，就像中国人对中国音乐一样。如果从小你就对中国音乐有一种从根底上的认识，那你就不用受突击性的训练。突击性训练是手指上的训练，嗓子上的训练，是技术上的训练。而整个文化背景的训练，是从你的爸爸、妈妈、甚至爷爷那里开始的。如果你的爸爸、妈妈从小就给你放京剧或者二胡音乐什么的，虽然你还不会，但是你已经知道是怎么一回事了。然后你的父母又会告诉你，这个茶应该怎么喝，这个筷子应该这么使。

田青→那你自己的母语教育是什么？

刘索拉→我小时学过京剧，你能相信吗？后来我发现，我特感谢我妈，我

们家曾有两个家庭教师，一个教青衣，一个教花旦。两个老师都是为我姐姐请的。但我老是在旁听，有时老师也教我两手儿。虽然我妈妈给我请的是钢琴教师，可能想让我当个钢琴演奏家，但她并不重视让我听钢琴音乐，倒老是给我放老唱片，有河北梆子，河南梆子，三十多转的那种，吱吱吱的，那种老唱片，我从小就听那个。所以我的钢琴老是弹不好。其实，我妈没想让我当音乐家，她就是给了我一种生活方式，就让我没事时听听，说这个好玩儿。再看看怎么耍花枪，老掂掂那花枪是怎么回事，然后再走走台步，小孩嘛，玩儿嘛。但是潜移默化地，这些东西就变成你的一种感觉。虽然后头，比如说我特别想反叛，哪怕后来特别想走摇滚，但是京剧的这些东西跟我割不开。也不光是京剧，还有河北梆子，就是这些戏吧，只要谁一唱我就感动，就因为我从小老听，还有吊嗓子，我姐姐老是抱着一个大坛子，从小在那里"啊啊啊"的，我们家天天都是那种声儿，还有靠腿、绑腰，从小到大，就是这么起来的。

小时候练京剧，我还是有板有眼的。

姐姐刘米拉

刘米拉　　来京东方红摄影

所以我从小不喜欢弹钢琴，一弹就要哭，对它没有感觉，但对戏曲倒有好多情结。记得我们班同学陈怡说她从小她妈每天早上提醒她标准音，钢琴的音只要不准就不许她碰，我真羡慕她，我妈妈从来不提醒我标准音，就是老让我听戏，所以上了音乐学院以后，我的固定调概念就不强，首调概念特强，为此很自卑。有好多东西我觉得是一个小学的教育，可是我中间断了，比如说古文的教育，我就没有。我姐姐就老特别替我发愁，因为我姐姐她们没断，毕竟是老高中的，我小学就赶上"文化大革命"，我就没有受过古文教育，我们家到现在都说我没文化，是白字先生。后来我出国以后，发现这是我一个特别大的缺点，就是说，对中国文化没有系统地学习，同样对西方文化也还是不系统，都是皮毛的东西。我就觉得，这种系统的学习，不是大学能够教你的，就那么几年。系统的学习是从小你爸、你妈和小学中学给你的影响。我认识一个画家刘丹，在纽约，他画的画儿之美，我服了。真的服他的笔触了。人家评论说他的画是沿袭了宋代的笔法，他用了新的眼光，糅进去许多现代意识。他的毛笔的那种干涩，用得特别好。我去过他的画室，他的画室干净极了，一个画家，他的画室比我住的地方都干净、讲究得多。我看后羡慕得不得了，我就想学，我问他："刘丹，你怎么能够这么仔细，文房四宝摆得真漂亮。你哪来的这种感觉？很少见到人这样的。"他就说："我从小养成的。"他家在南京，家里的地方也不大，但是他的爷爷是个老文人，所以他爷爷对他的要求很严，从哪儿拿的东西用过后一定要放回去。从他爷爷那儿，从小就是这么教育他的。就这么简单的一

件事，最后影响到一个艺术家的风格。他的画儿画得非常细致，是细节的天才。从人到画儿，你就觉得他是真的，不是假的，他不是为了卖钱把画儿抹干净，而其实他人特脏。他不是，他的画儿跟他的人整个是统一的，他的画之干净，之细致，他的人的整个生活方式的干净，对美的偏爱和追求，只要是美的东西，再贵也买，买来以后把玩它，包括他对许多生活细节上的习惯。这些习惯不是他后来培养的，我跟他聊过天儿，不是他后来上了大学，国画院教给他这样做的。国画院出来的人多了，有几个是他这样的？他的那种怪僻是从小养成的，这跟贫富没太大关系，而是跟他们家里的教育有绝对的关系。所以后来我到了英国，觉得我学到了英国人的好处，就是整个国家特别讲究教育的细节。细到有时候他们的知识分子都感到特累，甚至会产生一些变态的想法。但是，正是由于这种细节，他们在艺术上要求得特别细，就是说，他们创作作品时，想的就不仅是简单的音乐发展手法问题。我们中国的音乐家，就老是想，我这儿配器对了，我这儿配器好，我这儿震撼了，我是个多大的什么什么。其实，音乐的每一句，都有一个态度，如果你听一个好的外国音乐家的作品，他的每一句，每一个和声都是态度，这个和声和那个和声，和声的连接，怎么配器，每一句话都是态度。可是我们往往忽略了这个态度，就像我们在生活中不注意细节一样。就像是穿衣服，衣服全穿对了，可袜子却错了。这个袜子穿错了，就像一个交响乐写好了，却有一个趣味很低的尾声，这一下，你的态度一下子就掉下去了。又比如你全身穿的都是名牌，就是想让人知道你多么有钱，你想炫耀你买的都是名牌，都买对了，因为你到底没有文化的细节教育，只好拿钱撑着，去买那些名牌，又不会搭配，穿上以后，怎么看怎么俗。就像一部大部头的交响乐作品却充满了媚俗的陈词滥调。你的袜子的审美观，一下子就显出你的人真正是怎么回事，你的袜子一错，懂行的人会说："算了吧，全是假的。"在创作中经常会出现这种情况，就是忽略细节。所以，我觉得听现在有些中国作曲家的作品，一些东西挺讲究，就是说特有气势，得到了什么样的好评，由于用什么样的材料，或者如何如何，反应特强烈，但是仔细听的时候，你会发现中间有好多细节，人文的东西没过去。就像你刚才说的弹古琴的事儿，弹得那么顺，可是就那几个音不行，而那几个简单的音不是技术正是人文的表现。作曲家也有这种情况，尽管气势过去了，但人文的东西没跟上，就漏洞百出，就是一双破袜子，不是破袜子，是难看的袜子，或者是难看的背心之类的，就都出来了。然后整个人文的东西一出来，你就觉得气势挺低的。我有时侯跟吴蛮也说，我说："你能不能摸琴，别弹琴。"摸琴是用脑子在摸的，不是老师叫你怎么弹的。这个"摸"就是人文的，"摸"就是一种哲学观，你必须得知道怎么摸(笑)。说了半天，这真的不是一个大学教育的问题，而是涉及到从小训练的一个问题。还有时代变化后的不同人文精神。好比美国爵士歌唱家赛若·翁(Sarah Vanghan)的歌儿就是"摸"出来的，同样一首歌，到了芭芭拉·史翠珊(Babara Streisand)就唱出来的，到了赛林·第昂(Celine Dion)就成了喊出来的。

田青→你刚才还谈到一个很重要的问题，就是音乐里的真诚。拿音乐教育来讲，我总觉得，音乐到了学院，到了老师教授的时候，尤其是在现在这种教育体制下，就只能教一些形式的东西。而有些东西，是不能用现在音乐教育的手段来教的。比如在学院学作曲，他可以教你"四大件"，可以教你和声、教你复调、教你曲式、教你怎么配器，但你刚才讲的一些人文的东西他教不了，而且有些东西一到教师的手里也就完了。听说美国有一句俗话："会的去做，不会的去教。"如果真是这样一个规律的话，那就很可怕了。那就意味着所有天才的、或有灵性的音乐家们的所有创作，只要一变成"教材"，只要一到了要"传下去"的时候，就在某种程度上被僵化了、被固定化了，就像一只蝴蝶的标本，它再不能飞翔。它被人为地固定下来，让人们去临摹，让人们从近距离仔细欣赏它的美丽，让人们去分析它翅膀上的花斑的"对称性结构"。我们刚才谈到音乐的即兴性的问题，比如瞎子阿炳的几首二胡曲和琵琶曲，当初他

这是现存资料中惟一的一张阿炳照片，取自日本侵华时期颁发给各地市民的"良民证"。50年代被有关工作人员从大量的旧档案中查找出来。照片约摄于1938年春，这年阿炳45岁，已双目失明，流落于街头数年。

一名流落街头的盲艺人，一名遭世人遗弃的市井乞丐，其内心深处却蕴含着近代中国史上最美丽悲哀、最凄婉动人的音乐旋律。并且，在他死后，他的旋律奉献给了全人类——这样的人生历程，甚至在中国古代的虚构作品中也找不到相类似的原型。人类文明又一次刺痛了地球的心……他，瞎子阿炳——据传有七百多首作品，留存人间的仅六首——作为中国社会里一曲不死的悲歌的殉难者，他的音乐里郁积着中

国人的苦难与同情,是对一个无人性年代里的人性的呼唤,可以说,阿炳是在文明的器官上陡长出来的一对耳朵,他改变了人们尤其是中国人对往昔的听觉,他使这一听觉变得更深邃,更敏锐,更富于东方世界特有的宽广敦厚的悲悯之心……

——庞培

就是随便拉、随便弹的,他每天奏的其实也是不一样的,包括我们大家目前都熟悉的《二泉映月》——当初连这个美丽的题目都不是他起的,只不过录了音以后还没题目,没题目怎么行呢?于是杨荫浏就帮他起了个题目——他录音那天正好拉的这个样子。而录了音以后,再由音乐学家记下谱子,于是便成了以后不管什么人再演奏这首《二泉映月》,就连一个音符也不能动,动一点点,就是错的!但实际上阿炳自己拉,可能没有一天是一样的。那么,音乐的本质是什么呢?也就是我们刚才所说的真诚,还有,就是随心所欲。音乐,本来是应该跟着心走的。但一把它固定下来,变成乐谱,再教下去,就变成所有人拉的都是一样的。那么,中国音乐与外国音乐,如果讲优劣的话——当然,其实是不能讲优劣的,东西方的音乐,应该说只有传统的不同,方法的不同、审美习惯的不同,实际上各有各的美的地方,各有各的好的地方——有些人会认为中国传统音乐的表现力比西方音乐要差。的确,对许多西方人来讲,一提起中国

音乐，他们便会想起唐人街中国餐馆里放的广东音乐，而实际上，广东音乐并不是中国音乐的代表。但是，我们必须承认，在目前舞台上活跃着的大部分中国民族音乐，给人的感觉也大都是一种歌舞升平啊，花好月圆啊。是这样一种东西，一种粉饰太平的东西，的确缺乏西方古典音乐那种广阔的表现力，比如表现人生的深层感悟或宏大场面之类的东西，比如在贝多芬交响乐中所表现出来的深刻思想及博大胸襟，等等。这些，对我们的民族音乐来说，似乎不能胜任。但我觉得，我们的民族音乐，有另外一些可以在世界音乐之林里独树一帜，或者说有我们不但可以向人家学习，也可以教人家的一些东西，或者说有一些我们认为非常珍贵、应该贡献给全人类的东西。比如，我刚才谈到的在中国音乐的即兴性、随意性中暗含着的对演奏家的尊重，我觉得就是对世界音乐史和人类音乐的一个贡献。中国传统音乐常常强调演奏家二度创作的重要性，给了演奏家很大的创作空间和对音乐的解释权。西方十八、十九世纪之后的音乐传统，是谱面上怎么写，就怎么弹，强调的是对作曲家的尊重。比如弹肖邦，那里的每个音都不能错。当然，不同的钢琴家，也有风格的不同，理解的不同，处理的不同，但留给一个钢琴演奏家的个人空间，却永远只有一个不会太大的幅度。中国音乐不同，拿中国的古琴音乐来讲，古琴音乐需要"打谱"，就是古琴家根据琴谱再创造。古琴的谱子，传统上是只有音的高低，没有音的长短。所有的节奏，所有的乐句，所有的韵味，都靠演奏家自己去体会，自己去创造。于是，一个《潇湘水云》，不同的人弹，就可能有四五种，七八种，甚至更多的演奏谱。我觉得中国传统音乐在这点上，恰恰是保留了、坚持了音乐的本质。音乐，就是抒发你个人的情怀的，抒发你自己的感情的，你作为一个演奏家，虽然不是一个作曲家，你仍然可以在音乐中有很多创造，有完全属于你自己的东西，你不必永远藏在作曲家的身后，永远机械地演奏"别人的音乐"，成为一个"发声"的工具或乐器的一部分。我以为这恰恰是中国传统音乐最可宝贵的东西，是应该贡献给全人类的东西。但问题是，我们的这些东西，这些传统，现在越来越少。现在，我们的古琴专业是放在音乐学院里学，他们也学打谱，但他们所弹的，更多的是已经翻译成五线谱或简谱的曲子。比如弹管平湖的谱子，或者弹查阜西的谱子，他们弹的管平湖的《流水》，与管平湖一个音都不差。这也恰好违背了古琴音乐最本质的东西，或者说是最有价值的东西。所以我一直强调说传统的中断，实际上就是指的这种现象。

刘索拉→我同意你的说法。其实爵士音乐家常常在演奏古典音乐时加上自己的处理。所以，我现在最想做的一件事就是，如果我能多接触，我能找到这种可能性，去帮助民乐家，怎么能重新理解古曲，发挥他们自己个性地去理解。也许是教育把他们给限制住了，比如说老师在教的时候，告诉你这《流水》是什么意思，等等等等，管平湖先生已经做出了这样的贡献，作为小孩子你就会觉得，我哪儿会超过管平湖哇，所以我最好照着管平湖那儿打吧，就是照着那个弹。他有可能是这种感觉。就是因为我们的教育，老师没有鼓励他们去如何如何，

他们就没有自信敢怎么样。我上学的时候，你要让我即兴发挥个东西，我也不敢。除非老师说："我给你们留的作业就是《流水》，你们每个人给我弹一个不同的版本。"那他就敢了。问题是你不启发他，你不鼓励他，他当然不敢了。因为中国的整个社会——这又是一个从小撒尿训练的问题，从根儿里头，从根儿的训练——就是看着别人走路。就是干什么事都要看别人。所以呢，如果没有人告诉他们"你们敢，你们可以"，他们就不敢。因为管平湖版本是白纸黑字写在纸上的，已经被承认的，所以只能去摹仿他。但是如果白纸黑字的有人说："你们学古琴的全部重新来，每一个学生创一个版本。你的就是你的，什么王玉珍版，刘玉秀版，每个人创自己的版。"那王玉珍就敢想了，我王玉珍也能创一版。可是没人这么告诉她，而且还使她感到你王玉珍算个什么？你他妈的刚入学就想创版，你把这个版本给我弹好了，弹像了就算不错了。基本上老师都是这么想：你连那个大师的都没弹像，你还敢创版？我们的传统教育基本上是这样的。对于我们的传统音乐家，说实在的，如果学一学流行歌星的态度能好一点儿。流行歌星什么都不懂就敢上台唱，这是另外一个相反的态度。就是说，现在受教育越多的人，就越不敢撒手，所以教育受的越多人就变得越自卑。因为教育受得越多的人，越爱往旁边来回地看，他的旁边总有大师在告诉他：你得这样，你得那样。而且对流行文化的不屑，所以更加要谨慎，一谨慎，他就更不敢迈步了。而流行文化是彻底的啥都不怵，我什么都没有，我他妈的就敢。我就是我。这正是流行文化的可贵之处。这是两个极端，就把受过正统训练的音乐家给堵到那儿了,堵得简直就是不知道该怎么办。其实,我觉得最大的潜力就是受过传统训练的音乐家,我觉得他们确实可以和世界上的音乐大师平起平坐地演奏音乐。音乐就是打擂台嘛,他们确实有这个底子。

田青→我现在觉得最令人失望的就是我们的音乐教育,几十年来我们培养的民族音乐家,就是没有像阿炳、像印度的西它尔大师香卡这样的有自己的人格,有自己的完整的一套传统的大师。我们现在培养的学生,是"机械化"生产出来的,他们每个人都一样,每个人都会弹一样的曲目《十面埋伏》、《草原英雄小姐妹》,完全一样,连动作都一样,都学的是刘德海早期的、夸张的动作。民族声乐也差不多,都是一个老师培养出来的,都是金铁林的模子里扣出来的,几乎一模一样。你闭着眼听,根本听不出是谁在唱(现在睁着眼睛听也分不出来了,因为她们化妆的结果也是一模一样)。而另一方面,他们中的许多人,同时还都有一种阴暗的、时时折磨着自己的心理,就是他们并不认同自己民族的东西,就是我刚才说到有的学生拎着二胡匣子在街上走,总觉得和拎着小提琴的感觉不一样。我想强调一点,这种心理的产生,不是从今天开始,也不是从新中国开始,而是从一百年前就开始了。晚清以后,我们就让人家打呀,打了你啦,人家就强呀,就棒呀,而我们呢,一直是挨打,是挨打的。于是,这一百年来,我们这里有一本杂志叫《乐器》,过去叫《乐器改革》,它团结、集中了一大批人,一大批应该说是有事业心、有责任感、有热情、也有聪明

经常有话要说，却往往欲言又止

智慧的人。这些人几十年来在想一件事，一件其实是很可笑的事，就是如何把我们的民族乐器变得和西方乐器一样。几十年来，孜孜不倦地在竹笛上加键，在扬琴上加踏板——无非是以西方管弦乐器为蓝本，来"改造"我们的民族乐器。我不知你知道不知道，这在中国是一个事业，一个大事业，每年，文化部都要评一个乐器改革的奖。但是，不是我泼冷水，也不是我齿冷，依我看，这么多年的乐器改革，失败的多，成功的少。而少数成功的，也多不是"改革"，顶多是"改良"。比如二胡都改用金属弦，活动千斤，等等。但其他许多的"改革"，包括一些很可怕的东西，比如把二胡的弓子从两条弦中"解放"出来，像大提琴那样拉；比如二胡加指板；比如把笙做得和小管风琴差不多大；比如琵琶上加品，一直加到没法再加为止。我们看敦煌壁画，知道琵琶最早是有项无品，后来逐渐有了品，刚解放时一般琵琶是十三品，但你看现在，已经二十多个品，都黏到最下边，右手都快没地方弹了！等等，大部分没法让中国人接受。其实，所有的乐器改革者，都有一个基本的思想，就是我们的乐器不如人。不如人才改嘛！但印度人、日本人似乎并没有这么干，他们没有去"改革"他们的西它尔、他们的尺八。而是充分挖掘自己传统里的内容，发扬光大。总结我们所有乐器改革思路，最重要的其实就两点：第一是认为我们的民族乐器音域窄，要扩大音域；第二是要改成十二平均律，以方便转调，适应大乐队。其他如改善音色等等，还是次要的，因为音色一改，就成了另外一件乐器。但是，这里有一个问题，就是在我们音乐学院的教育体系里，有很多传统的东西已经失传了。比如，为什么笛子要像长笛一样加键，是为了方便转调。但在中国民间优秀的吹鼓手那里，一根笛子最起码可以转五个调！这就是传统！但是现在音乐学院的学生，他不会这个，他没学，他也不知道一根笛子可以转五个调。刚才我两次提到"崇洋媚外"和"后殖民主义"，你不答茬儿，不说话。其实我也不喜欢"后殖民主义"这个词，这是一个已经被人用滥了的词，容易引起歧义或被人庸俗化。我们可以换一个别的什么词。但这种思想，至今在我们的音乐教育制度里还是占着主导地位的。你不爱谈这个词，不爱用这个词可能有你的道理，可能和你这么多年在国外生活的感受有关。那么，我们可以抛开这个词，你可以抛开这个词谈谈你的看法。

刘索拉→所以我爱把这件事宏观地来说。比如说改良乐器，西方的乐器一直在改良，否则的话，不可能有巴洛克乐队的潮流。之所以会有巴洛克音乐的潮流，是由于他们的乐器改良得太厉害了，所以才会有复古到巴洛克去。中国人有一个概念，就要死加在所有人头上，比如说要改革，大家都得改革；说不改革，大家都不能改革；说民族主义，大家都民族主义，咱们都得跟民族的东西干上了。我觉得这东西应该是多元化的，比如像西方，从西方的发展来说，包括我去年写的那个室内乐的作品，就由于我写的某种音色，我的那个小号手，他必须得带一个新的东西来对付我的那个音色。否则的话，他用传统的方法就没法吹出我的那些音。所以他一看到我的音符是怎么标的，马上就说："我得回去带个工具来。"这个工具就是现

在的音乐家们把小号改革了的一种工具，这种工具绝对不是在传统乐器上使的，因为小号手知道爵士音乐家会使这些东西，所以他们就去把这些工具拿过来了。

　　田青→对不起，这里有一个很大的不同，就是西方的乐器改良是在自己基础上，是自己的孩子，从四岁长到五岁六岁，

与英国乐队[The Durutti Column]的吉他演奏家及作曲家威尼·瑞利（Vini Reilly）在演出前/1988

逐渐成熟起来。我们不是，我们是想让自己的孩子长得像外国孩子才好，我们认为自己的孩子天生是个贱种！我们在改革的时候，是把别人的孩子，把邻居家的孩子当成参照系的。

刘索拉→我觉得这事儿不是特别死的一件事。我不是只提倡改革的，这话不是这么说。我是说，首先，欧洲人也使西它尔，文化对于他们来说，他们觉得没有什么是不可以用的。西它尔不只是印度人使，欧洲人也经常在他们的古代音乐组里头使。所以他们并不觉得这是人家的孩子。欧洲人没有"这东西不是我们的，我不能使"的概念。所以我觉得，首先，我们没有必要分这个是我们的孩子，那个是人家的孩子，这样做就太死了。太民族主义了。再说琵琶、二胡本来也是人家的孩子。还有一个问题，就是说如果有一派人希望改革乐器，而另一派人不希望改革，我觉得应该是这样的：不希望改革的人，就地地道道的不要改革，就保持着特别原味原汁的东西，而且这帮人应该是特别彻底的好到真的让我们听到和看到古代的声音，古代的音色和古代的风度。就有这么一帮人在坚持，他们也真的相信这一点，连从生活方式上也别骗我们，回家抱着大音箱听"雅尼"，出来就说我们要古代什么的，那就不行了。你整个要统一的，这帮人就相信古代的生活方式，就相信我的音色要弹成这样，要从根儿里头，也就是说从袜子上就穿对了。你别穿双尼龙袜子，捂着臭脚，上头穿件亚麻的衣裳，说我这是古曲。你从袜子和鞋都要给我搞对。这个时候，我觉得你全对了，那你就要保持真的，好的古代作风。还有一批想改革的人，那你

就改革吧，成功失败是你的事，因为你要改革。但是你也不要给自己加上一个概念，认为我这改革就是对的，你们保守的就是错的，我这就是在给中国开创一个新的什么什么结合的道路，甭来这些虚的，你要想改革你只能说："作为音乐家，我想听到这个声音。"我觉得音乐就是这么一回事，音乐就是一个特别个人的事，也就是说，作为音乐家我想听那个声音，那个人会说："作为音乐家我想听到那个声音。"而且，为什么我要听到这个声音，因为它与我的生活方式是一致的。那个人也会说："我要听那个声音，也是与我的生活方式是一致的。"比如说，"我就喜欢流行音乐，我就想把我的扬琴加踏板，我就想把我的什么东西改成电声"。这都有可能。那就让他去做好了，没有必要去反对他。这样的话，才能显出你那最传统的古代音乐的好处。否则的话，你死抱着你的东西去指责别人，结果谁的好处也没显出来。我觉得音乐就得多元化，就得让他们自己充分地去发挥，用每一个人的感觉去制造一种声音。我刚才也谈到了，我希望声音之后不是声音，也不是空的概念。所以我觉得，提民族主义或改良主义都没用。不是一个概念，是一个实实在在的态度。这个态度我觉得特别重要，这个态度是一个人对整个社会的态度。比如说，说粗话吧，某一个和声的某一个音响，出来的时候这个声音就代表"你好"，这是一个态度；某一个和声的一个音响，出来的时候就代表"操你妈"。有一种人他就喜欢弹那种特别好的音响，让人听了感到舒服，就像是问"你好"，另外一种人，他弹的每一个声儿都想骂人。这个就是态度，甭管你是什么态度，只要你真有这个态度，你拨这种声儿，别人能听出来："丫挺的就是这态度。"其实呢，就怕你没态度，每个人都说自己在为国争光。就怕这个。因为一到拿"为国争光"当大旗就虚了。什么庸俗的歌词、乐曲都会说成是为民族争光。你看有时候满台都是滑溜溜甜腻腻，没骨头没肉的马屁精，作那种又酸又俗，屁也不是的那种音乐，人家也可以说是为国争光吧？谁都会说我在为国争光。这样一来，我觉得事儿就会都乱了。我老觉得，诚实的人最好不和冒牌者重复使用同一种词汇，哪怕那词汇不是什么坏词儿。

田青→没错儿。

刘索拉→咱们刚才说的那些大词儿我为什么不爱使呢？这又说到音乐家的人文，在这儿 他会使大词儿，什么民族主义，爱国主义，后殖民主义等等，这些词儿说起来容易，好说，大家都戴上一顶帽子以后，底下连脸都没有了。弄不好把自己绊在里面了。以前老派的西方人，殖民主义者吧，喜欢给第三世界的人强加上西方的审美观，让第三世界西方化。可如今现代的西方左派们，为了表示他们对第三世界的同情和支持，又给第三世界描绘了另一种模式，久而久之，这模式又变成了另一种西方对东方的审美，经过传播，又成了东方要接受的定义。就好比从前西方人要东方人越西化越好，现在他们是要东方人越东方越好，全穿草鞋拉二胡，牛耕地，取河冰冰西瓜才对了西方左派对东方的胃口。闹了半天还不是我们东方人在掌握自己的命运。有时候说多了后殖民主义就又说到人家家里去了。

所以我特别怕这些大帽子。在这些大帽子下面，无论东方西方人的个性都藏在下面了。只剩下了宣传。咱们在国内有很多时髦的说法，出去了，一看那边的报纸，又有很多适合那边的说法。我们进口了很多的说法，但不是大全。出去以后就发现怎么说都是人家有理似的，于是我们的艺术家赶快加紧用各种时髦的词儿，什么这个主义、那个主义的，那些大词儿也特别容易找到支持。又戴上一顶帽子，又没有脸了。所以我觉得，把帽子扔了，每个人是什么脸就拿出来什么脸，我觉得这样比较好。作音乐的你他妈是什么料就是什么料，别来虚的。否则的话，音乐出的声音就是假的，你能听出来。里面又没有"你好"又没有"操你妈"，这两声儿都没有。尤其是现在，我们是在一个过渡的时期，我们有非常多的问题，真实的困难，聪明词儿有时解决不了咱们现在的困难，说什么殖民主义，咱们也没有什么健全的殖民主义的社会。咱们其实真是一无所有。除了革命经验，咱们是东西都缺。在这种时候，能让艺术家有他们自己的追求，能让他们撒开了找到自己要的就已经是不容易的事了，能让他们撒开了找到自己要的并且能够诚实地确立自己的风格又是一个不容易的事儿，无论是追求西化还是追求东化，都得有一个诚实，而不是见风转舵式的，我们长期以来见风使舵式的艺术家太多了，所以我不觉得用大帽子罩住音乐是什么好事。

田青→我们再谈点什么呢？

　　刘索拉→咱们再说说音乐的生理性。音乐是非常生理性的
一种创作，非常生理性，要不然我老是说，主张演奏家摸琴，
而不是弹琴。比如说，爵士音乐家的钢琴就是摸出来的，不是
弹出来的。所以说音乐的生理性是非常强的，哪怕是肖邦这样
的大师，当时弹琴的时候，肯定因为他的许多生理性，素质，
神经系统，手指动作等等决定了他为什么用那样的和声，为什
么用那样的技术华彩。肖邦演奏的方式其实和爵士差不多，只
不过由于他的波兰的背景，所以他用那样的和声，那样的旋

在北京爵士音乐节上演出／1999／ 摄影／郭盖

律。都和他的文化背景有关系。我为什么说他和爵士有相像之处呢？因为他的一些音乐动机是他的思维与手指动作一起出来的，所以他的那种华彩特别能表现他的个性，因为他不是用公式写出来的，他不是坐在那里分析大师的作品，把这个音符和那个音符像数学似的连在一起，他不是那么写出来的，他是真的弹出来的。莫扎特也是，所以说这些钢琴家的作品是很生理性的东西。当然他们的作品比爵士音乐更有逻辑性，而爵士乐更像意识流写作。但是到了后代人在摹仿他们的时候，那当然就是见仁见智了，你没有这种感觉你弹不出来。也有人摹仿得非常好，那就是说，他已经领会了肖邦的身体和精神素质。这个必须得是身体的东西，你必须得感觉到他的身体性。还有一些当代演奏家干脆就是把古代大师的魂附在他的体上了，两个不同时代的身体合在一个身体上，这就是为什么好的演奏家有魅力的原因。所以爵士乐，我为什么喜欢它呢，就是因为它的生理性特别强，比古典演奏家更生理性。如果你是精神病的话，那个音乐出来就是精神病，如果你的脑子是左脑发达，右脑迟钝，那音乐出来就是那种感觉。你能感觉得到，那也可能是大师的作品，但是教你能感觉到他的脑子的中枢有一段停止了，有些像看超声波，心电图那种东西似的，那么精确。所以呢，我通过蓝调什么的去反省中国音乐，觉得中国音乐的生理性也特别强，但是就像咱们刚才说的，后代的摹仿把这种生理性给弄掉了。所以我老说，你们要学会怎么摸这个乐器，包括唱也是，其实不是唱，我老说唱的声音是从脚底下发出来的，而不是嗓子，不是腹腔，也不是其他什么地方，而是脚底下那个根。其实唱这个东西，也是生理的感受，你要唱的时候，你感觉的不是嗓子，而是你的手指头尖。当你手指头尖在颤动的时候，你的声音也就出来了。这是整个身体的运动，才反应出那声音。那老一代人的东西，那些老艺术家说不出来，但他已经做出来了，他不像我这个大嘴巴，能说出来，但是他们都做到了，这是中国的老艺人。所以呢，我们可以聊聊这个，因为你有特别多的中国音乐知识。其实，这就说到了你刚才说的原装的东西。这种生理性不见得就非得是性的生理性，比如说黑人的音乐，由于他们的背景，性对他们来说，是一个特别高的象征，所以他们的音乐特别性感，特别反映男女关系一类的，所以他们的音乐是生理性的一个方面；但如果是文人雅士的音乐，他就是另外一种生理性，他有那种衣服下面的那种皮肤和那种心理状态的生理性；奏出来的是那么一种东西，哪怕它是阳痿，它是真的，也是好的。不见得都反映强壮的，生殖的那种东西本身就是惟一美的东西。如果有一种东西是包在衣服下的，病态的，它也会特别美。比假硬汉子强。让我想起一些很美的文人画儿来，一笔一线都很生理性，又比一比那些假充硬汉的音乐，哪个更有魅力？所以呢，我觉得音乐的生理性不能忽视，因为它是人奏出来的，只要经人手一弹，这个人的身体状况就出来了。再加上古代音乐，弹的人本身就是创作者，跟现在不一样，现在的人分什么作曲家，配器家，演奏家，分了好几层，这削弱了它的直接的感觉。但是古代人本身就是一边在想，一边在写，一边在弹，那个音乐出来以后，绝对是有他的生理状况在里头。

田青→我觉得你强调的这个音乐的生理性和刚才我们谈到的音乐中的真诚，实际上是从不同层面和不同角度回归、阐述音乐的本质。我们的古人早就说过："情动于中，故形于声。"也就是说，必须内心深处要有感情才会唱。古人也说过："言之不足，故嗟叹之；嗟叹之不足，故咏歌之；咏歌之不足，不如手之舞之足之蹈之也。"也就是讲，音乐也好。舞蹈也好，第一是发自内心的需要，第二是与生理休戚相关的。我觉得你的"音乐的生理性"的提法倒是音乐学界的一个新命题。在你之前，似乎没有人这样强调过"音乐的生理性"。我觉得你的这个问题提得好，因为的确如此，音乐的最本质的东西是与人的心理、生理密切关联的。那么，可不可以这么说：音乐在发展中，尤其是在中国的发展中，有一个非常不幸的现象，就是我们的老祖宗，更准确地说，是儒家，在两千年前便开始尽量地减弱、抹杀、或者说是掩盖音乐的生理性？儒家音乐思想的核心是"礼乐"，他希望"乐"要服从于"礼"。"礼"是什么呢？就是让你规规矩矩，不让你乱说乱动。那么音乐要服从礼教、礼数，就必然要削弱它的生理性。从另一方面说，音乐在专业化的过程中——应该说音乐的专业化是为音乐的发展创造了可能，不专业，音乐就不可能充分发展，就不可能有高的技巧和伟大作品的出现——但专业化的另外一面，便是使音乐逐渐脱离了普通人的生活。目前的中国，虽然现在在各个地方都有一些非常精彩、非常了不起的、甚至可以说是不朽的民歌。但是在中国知识分子的生活里，音乐的地位却越来越低、越来越少。在汉以前，中国的知识分子还是"左琴右书"，一边是琴，一边是书。以后，又讲究"琴、棋、书、画"，还是把琴、把音乐放到士人修养的第一位。但后来，中国的文人越来越脱离音乐实践，把音乐实践让给了伶工、优伶、倡优、戏子，让给了这些在社会上被人瞧不起的人。在中国，只有这些人才去搞音乐，才去搞音乐实践。于是，长此以往，我们中国——我在这里主要指的是汉族——便没有了集体的舞蹈。过去"手之舞之足之蹈之"的场面没有了。在唐代还有"踏歌"，文人、诗人们饮酒之后，还要"连袂而歌"，就是拉着手、唱着歌，转圈儿。完全是集体歌舞的形式。但在宋代之后，就逐渐没有了。也就是说，汉族目前已经没有传统的集体舞蹈了。其实，文人的音乐也没有了，只剩下一个古琴音乐了。那么，如果音乐一步步脱离生活，只存在于生活的一个角落；或者说，音乐被从你个人生活中抽掉了，你只能欣赏，不能参与了。在这种情况下，还能谈什么音乐的生理性呢？那时候，生理性没有了！你已经不能参与了，你只能"非礼勿动，非礼勿听"，你听着音乐时还得想着孔孟之道，还不能想着你那个黑人音乐中的"性"！(笑)那么，你认为中国音乐里有"性"吗？

刘索拉→ 在中国音乐中，我认为特别有"性"。民歌那是当然，就是所谓的那些"酸曲"吧，前两天还有人介绍我到陕北去听酸曲，说那儿的酸曲特别棒，还只许给男的唱，不许给女的唱。哪天我得去那个地儿，去听酸曲，听最有名的酸曲大师唱。他唱的是真正的酸曲，所以他不当着女的唱。我真的想拜他为师。昨天有一个朋友给我讲，说那个真正说酸曲的大

师，叫韩什么的，现在已经去世了，他唱的真正的酸曲，而且当着什么人他都敢唱。为什么呢？因为他是个瞎子，他感觉不到周围是什么气氛，所以他敢说。后来他的弟子唱，就只敢给男的唱，而不敢给女的唱了。当他唱酸曲的时候，女客都得走，要不他就不愿意唱，因为特别黄。我那个朋友给我形容了两个词儿，对我来说真的不算什么，我说："那算什么呀。"可是我真的特想学这些酸曲，这些非常有生理性的东西。民歌是肯定的。地方戏曲也特别有生理性，我说的生理性，还不是说的光是性，比方说中国地方戏的唱法，什么样的人发什么样的声儿，这原声儿就是生理性。他通过嗓子一出来，比如你听崔兰田唱的河南梆子和常香玉唱的河南梆子，就不是一个感觉。你就能感觉到她们的不一样，这就是生理性的表现。她们同样处理一个段子，崔兰田和常香玉处理得就不一样，这就是生理性现象给她们带来的，当然还有社会背景、心理状态等等，心理状态会影响一个人的发声法。我们有一些老艺人，解放前用的是一种发声法，解放后用的是另一种发声法，可能觉得后者更科学吧，可是就削弱了他们的声音中的个性。用心理影响生理状态。这种事常发生，是非常可惜的。生理状态往往是很高的一种境界，它决定了一些东西。所以我刚才说的，掩盖生理性的人的演奏，你能听出来是怎么回事。比如你是带着手套弹的，还是没戴着手套弹的，是能听出来的。我仔细听中国古琴音乐和演奏，生理性特别强，弹得好的就是摸出来的。他的手和琴就是一种蹭的感觉，是非常生理的。我并不是说这种东西是性的象征，我是说即使是知识分子，他总得拿手去弹那个琴，是不是？这手一蹭，它就是一种感觉。它就是生理性，手感就有了是不是？那个手感非常重要，什么样的手有什么样的感觉，这里边的生理性非常强，我听过好多不同的古琴带子，每一个人的手的感觉都不一样，就是蹭弦的感觉就不一样。所以说古琴音乐的生理性是非常强的。那么这样的话，在后头的东西，这个东西是不是非常的浪漫，或者其他什么的，那就有好多心理的东西了，可是心理和生理是连在一起的。比如一个人，他们这一辈子特别心理阴暗压抑，但也常有感情冲动的时候，演奏的手感上他可以特别浪漫，特别有感情。但他们没法隐藏一些东西，你尤其听那些最冲动的大浪漫华彩部，即兴的，或者甚至是作曲出来，从那里头可以听出有混沌的脏音来。那种音有时候能感觉出来。

田青→你谈音乐中的生理性的时候，我忽然想到，如果拿汉族音乐和黑人音乐比，我们经过两千年阉割过或掩盖过的生理性，与黑人音乐肯定不同，你听汉族的音乐，已经不可能"手之舞之足之蹈之"了，你很难跳起来，你可以激动，但很难让你叫。但黑人音乐却很容易让你叫起来。

刘索拉→问题不是叫和舞蹈就是惟一的生理性，不动也是生理性，气功也是生理性，所以说，这个生理性是无所不在的。任何一种真的艺术作品都是生理性的产物，它要摸，要经过摸，我所说的摸，就像用笔写小说的感觉，用笔其实就是你触摸到纸了，你是用你的手在控制着笔，那笔尖在走，那感觉就

是不一样。有时候用Computer写出来的句子和用笔写出来的是会不一样的。用嘴说出来的句子也和写出来的句子不一样，有人要是说话大舌头他会选择适合他的句子说，是不是？你说画家画出来的画，生理性也很强，什么样的画家出什么样的画儿，也是因为他的手在画上头。那音乐家更是直接，因为他真的是拿身体在和乐器摩擦，为什么我老说，在录音棚里或在台上演奏一场好音乐会，我的感觉，和音乐家在一起，演奏好了就是性交。性交不是非得俩人在床上如何，是不是？而这种东西所带来的快感，是同一意义上的快感。可是这音乐不见得是要叫要跳的音乐，可以是很慢很静的音乐。你和那个音乐家不谋而合，但他可能是男的，也可能是女的，这都没有关系，是你和那个声音在交配。这个声音到了你的脑子里，你就开始有一种反应，你的反应使你发出另外一种声音，这就跟动物之间互相叫似的，你是通过乐器的声音在互相呼应，这种呼应发出的声音，就是交配的结果。当然，由于你的理性，你知道音乐是怎么回事，所以这音乐出来以后会有一些逻辑性和旋律，是吧？创作的过程，既要轻松又要控制，这两点几乎是同时应在音乐家脑子里出现的。这和床上的事又不一样了。这有好听不好听之分。到底是音乐吧。所以我觉得不单是叫才是生理反应，生理反应可以是非常静的。如果这个男的或这个女的非常文人化，从这个人的手里弹出来的琴，他们肯定会出来这类的声音，有的时候你会听到特别深的那种摩擦琴弦的声音，从一个干巴巴的老头手里出来的特别强的摩擦琴弦的声音，其实有一种他的底气在里头。所谓"仙风鹤骨"什么的。他没有办法通过古琴旋律来表达的时候,他就用一种特别深的那种触琴的声音,从那个触琴的声音,你就能听到这个人的深度,和这个人对音响的感觉。一个音乐家完成了一个心理到生理到声音的过程时,听者也有此感,你能感觉到那手和那个琴的那种感觉,由此又联想到那个人。生理性也不见得就是交配,也不见得就是性。

田青→现在你的这个"生理性"已经是包罗万象了,可以是让你叫起来的"生理性",也可以是像气功那样让你静下来的"生理性";能够在音乐中体验到一种类似"交配"的"快感"的是"生理性",表现一种"阳痿"状态的也是一种"生理性"。既然这些都是"美"的,那么,我倒想问你一个问题,有没有你所讨厌的音乐?或者说,没有"生理性"的音乐你认为是什么样子的?

刘索拉→有一种人,你一听他的那个音乐,他根本就没有去摸那个音乐,就是说创作者没有用心去处理那个音乐,他完全是堆砌的。他可能会用一堆词儿,用一堆对的、正确的东西堆的。因为他知道正确的东西能迎合观众,这个东西放进去,可能会是这个效果,那个东西放进去,可能会是那个效果。在那么一种状况下,那个音乐你能听出来是假的、空的、飘的、没有东西的,其实能听出来。学院派音乐的例子在这儿特别难举,因为学院派音乐特别能唬人,它能唬人是因为它有好多技术在里边藏着。对普通人来说,这个交响乐出来,能说它这是假的吗？费了多大功夫才写出来的。可是能听出来是假的，反正我能听出来。但是我觉得特别难在这儿解释。我没办法解释，因为它牵扯到和声、配器、曲式等等一系列问题。所以我没办法举例，说交响乐是假的还是真的，我们得每一句每一句地来分析。简单地说，很多歌功颂德的东西是假的，很多无病呻吟的东西是假的，但有了大型乐队一起哄，一般人还是听得大眼儿瞪小眼儿的。有时也不是作曲家有意作假，而是命题作文感觉有限，但什么音乐都能七拼八凑出来，音符多了就唬人。流行音乐假的真的你一听就听出来。说戏曲音乐吧，比如说老的戏曲演员，他们用的是原声唱法，这就跟你刚才说的乐器改革似的，有些新的演员全是美声唱法，他一用美声唱法就没生理性了。就等于给阉了。他都不是性压抑或不压抑的问题了，他没有了，他们的生理状况，成假人了。他用美声唱法唱中国戏的时候，他就没有"摸"的感觉了。但说了半天，也不能怪音乐家本人，时代造人。

田青→ 实际上，说到底，还是说这音乐是不是你生命的真实体验，还是真假问题。所以中国的古人讲："惟乐不可以为伪"。也就是说，只有音乐是不可以作假的。在音乐里作假是一定会被人听出来的，你可以在报告里作假，在情书里作假，也可以在一篇冠冕堂皇的文章里作假，但是，你惟独不可以在音乐里作假，"惟乐不可以为伪"呀！你的音乐是用你的生命写出来的，还是在做一道音乐习题，这其中的区别很大。但是，可怕的是，有的人可能掌握了不错的技术，但是他没有人性，没有人文，所以,最大的问题其实就是在音乐教育中,光有技术教育不成,光有人文的教育也不成,最终还是一个做人的问题,就是先教他做人。人文人文,先要"人",才能"文",先要让他认识生命的本质,能够真的心里有爱,有自己的喜、怒、哀、乐,有自己的感受,再加上你所说的所谓"摸"的东西,这样出来的音乐,就应该是好的音乐了。如果在音乐中作假,或者说违背音乐的"生理性",或者说在"生理性"的层面上作假,那就只有一个比喻,那就是妓女了。因为妓女的可悲其实并不在于她以性为商品,不在于她出卖自己的身体和贞洁,而在于她必须在生理的层面作假。艺术也是这样,如果在生理的层面不是自己的、自然的、真实的感觉的话,那就是艺术的娼妓了。你说是不是?

刘索拉→你这种说法反正挺苛刻的。

田青→我是跟你学的。(**刘索拉→我不敢。**)我觉得我们还有个问题可以谈,就是音乐与宗教的问题。因为,从30年代起,就有一种理论,便是否定宗教的正面作用。有的人是用唯物主义的理论来批判宗教,有的人是既看到宗教在社会上的作用,看到宗教对人的心灵的、精神的作用,有感于宗教的衰败,想找一种替代品,提出"以艺术代宗教",尤其是提出用音乐来替代宗教。这样一种提法不是没有道理的,因为艺术与宗教在许多层面上是相同、相通的。比如宗教可以净化人心,那么好的艺术,也可以净化人心;宗教可以让人沉静下来,远离物

欲，好的艺术，也可以做到这一点。另外，一种对灵性生活的追求，一种对精神超脱的追求，可以说自有人类以来就存在。而且在一部分人当中，这种追求还是非常强烈的，在很多时候，这种追求，甚至超过了对物质的追求。弘一法师的学生丰子恺曾说过这样一段话，他说，人大概可以分为三个层面，第一个层面，是最大部分的人，这些人只追求物质，只要物质需求满足了，就满足了。但是，有一少部分人却不满足于物质的追求，他们还需要精神的满足或精神的创造，这少数人便是艺术家，是第二个层面。还有更少数的人，他们连精神的、艺术的生活也满足不了，还要追求一种更高的灵性的生活，这第三个层面的人，便是像弘一法师这样的宗教家。我不知道你对这个问题怎么看？

刘索拉→……我在这间屋子里站着，能感到这个空间。如果我想用声音把空间占满，就借空间的力声把声音打出去。其实不是靠我这个瘦瘦的人，而是靠四面的力……我相信有一种东西比我们高，绝对是比我们高，而且比我们高出还不是一个等次。所以我什么宗教都信。我说不上来该怎么解释，那是一种大智慧，这大智慧也许你看不见它的形象，但它无处不在。你可以叫它佛教，叫它道教，叫它基督教，或者你叫它伊斯兰教，但它们是一致的，是一个统一的东西，是大智慧，在我们之上。是我们不可企及的东西。但是这个东西在观照着我们，你得让它去观照，如果你不管它的话，当然就不会有什么作用。你得想办法去听它的，去听大智慧的。那是比我们大得多的一个东西，所以呢，我相信这个。

田青→你说你什么都信，这是一种泛宗教的观念。(索拉讲每个人都可以"拿"到一种超自然的力量)而你的这个思想却很接近大乘佛教的思想，就是每个人都有佛性，每个人都能成佛。你刚才谈到其实每个人都能找到一种超人的力量，或一种本身似乎不具有的力量，这也就是禅宗强调的人皆可以成佛。禅宗所谓"迷即佛众生，悟即众生佛"就是这个道理。重要的就在迷悟之间，你悟了，也就是掌握了自己。所谓"明心见性"，第一是看清了自己的本来面目；第二，便是掌握了这种力量。我希望你能把你刚才说的那种声音的感觉，就是那种声音似乎不是自己发出来的那种感觉再细致地说说，也许这不但有音乐学上的意义，还有别的、更深一点的意义。

刘索拉→有很多事情是靠意念作成的。对于演奏家，重要的是先听到一种你想要的声音，然后把它变成一个意念放在脑子里，老是想着它，突然有一天，这个声音就出来了。还有就是借力，借你周围的力，借你身体别的部位的力。除此之外，在日常生活和创作时，如果我能平心静气的时候，就能听到一个声音，那个声音总是在帮我，但我觉得我听到的这种声音不是最高的，这只是我们周围的声音，是小我。我怎么说呢？那个大智慧，是高于我之上的，可能它那个声音不会到我这儿来，我听到的只不过是我们每个人都有的一个类似守护神的声音，它会传达大智慧，帮助我去接近那个大东西。我达不到那

在伦敦

么高。这个帮我的声音，可以帮我去理会那个大的东西，所以我特别喜欢看圣经，我也喜欢看佛经，我对它们是一种平等的尊重，就是说，圣经、佛经都来自最大的智者。不拿它当迷信看，而拿它当智慧看，它们是最智慧的书，是留下来给我们人类的一种训戒，这就是我的感觉。如果你仔细看佛经，看圣经的话，你能吸收非常多的东西。像你刚才说的泛神论，对另外一个宗教的了解，这对我来说，也是一种看另外文化的方法。不同的宗教下产生不同的人生观，但那最高的，在所有宗教以上的东西，只有一个。在那上面。

田青→应该说信仰宗教、做一个宗教徒与有宗教意识是两回事，比如你就有很强烈的宗教意识，但并不是某一个宗教的教徒。其实，人也可以分为两种，一种是有宗教意识的人，一种是没有宗教意识的人。一个没有宗教意识的人，假如他正好出生在一个宗教国家，比如生在一个伊斯兰国家，那么，他生下来便是一个穆斯林；但假如他生在意大利的南方，他就会成为一个天主教徒。这并不能说他就是一个有宗教意识的人。同样，假如一个有宗教意识的人，恰好生在一个无神论的国家，他就可能不是什么教徒，但他骨子里的宗教意识却无法丢掉，他早晚都会有一种宗教追求。你刚才说你承认有一种大智慧存在，有一种比我们高的东西存在，这其实就是宗教意识。所谓宗教意识，其实就是承认自己在宇宙中不是最完美的。如果没有宗教意识，我们便会认为人类是宇宙中最完美、最了不起、最伟大的，就会提出"人定胜天"的口号，就会"向草原要良田"，整天想着"改造自然"，和天斗，和地斗，认为自己有权改变人以外的东西。其实，这是一种狂妄，是一种已经给人类带来苦果的无知和狂妄。而有宗教意识的人则相反，有宗教意识——我再说一遍，不见得是教徒，不见得非信什么教——只要是真正有宗教意识的人，几乎都在内心深处有很谦虚、谦卑的一面。所以，一个从小受到宗教训练的人，从里到外，一定是谦虚的。这和艺术家就不同了，艺术家，常常很狂妄、很骄傲，也许，狂妄是进行艺术创造所必须具备的素质，不狂妄，就没法创造。但我觉得这并不矛盾，所谓狂妄，其实是一种天生的自信，是一种强烈的使命感，是一种"天将降大任于斯人也"的感觉，觉得自己能做一个惊天动地的大事情。这和内心深处的谦虚，其实不一定有矛盾，而所谓内心深处的谦虚，便是你承认在空间和时间里可能有比我们更高的东西。我觉得有这点就足够了，有了这点，人就不会发疯，也不会去做一些伤天害理的事情。因为你相信因果，相信好坏都有报。所以，历史上许多音乐家都与宗教有着密切的关系。比如李斯特，比如弘一法师，都是从一个杰出的艺术家最后成为一个宗教家的典型。当然，还有更多的艺术家是以艺术名世，但同时却有着很强的宗教意识的。我们换一个话题，因为宗教不但对人类的心灵有很深的影响，它对艺术发展的推动力也是非常大的。应该说，对西方而言，假如没有基督教（天主教）的话，那么，整个西方的古典音乐就不存在了，没有了。因为纯世俗的音乐，完全脱离了宗教和宗教影响的音乐，在20世纪后才开始真正发展起来。在18世纪之前，宗教音乐应该说是主流。其实也

不仅仅在西方，在东方也同样如此。因为我们知道，音乐是一门特别需要依靠物质支持的艺术，一个诗人只要一支笔就可以作诗，甚至连一支笔都没有，也可以在脑子里作诗。但音乐不成，没有一个乐队，没有一个戏班子，音乐就没法表现出来。所以，从历史上看，只有宫廷和宗教机构是音乐艺术最大的恩主，也就是只有他们，才有力量支持音乐的发展。当然，我们真正要谈的还不是这些，我们真正应该谈的，是宗教或信仰如何影响艺术家的心灵，如何对艺术家的创造起作用。

刘索拉→英国诗人布雷克（William Blake）有篇名著叫"天堂与地狱的婚姻"（The Marriage of Heaven & Hell）。天使和魔鬼必须在一起才能出创作。魔鬼是能量。艺术家往往是魔鬼那一面特别强。我很讨厌艺术家这三个字，我觉得任何人都有魔鬼和天使的一面，只不过搞艺术的人由于职业的原因，使他们显得这一面比较多或那一面比较多。他们只不过有一个比较出风头的职业，我真是挺讨厌"艺术家"这个词儿的，我觉得艺术家和做鞋的也差不多。没有个性的艺术家完全没有什么可吹嘘的，所有人都叫自己是艺术家，你算什么东西？你不就是在纸上画画儿，或者拿音乐口，那你和饭馆里的厨师或端盘子的是一样的。高级音乐家把音乐作好了，和高级厨师是一样的，高级厨师也可以算是艺术家。

田青→你的这个思想也比较接近佛教的思想，就是没有分别心，这是对的。很多艺术家和学者有很强的"我慢"——就是被佛教称为"毒",与"贪、嗔、痴"一起列为修道之人必须克服的根本烦恼之一的傲慢。因为你只要有"慢"心,把自己看得过高,就很难正确看待人生了。其实,我平时也一直这样看,人没有根本的不同,职业的不同,只是谋生的手段不同。一个可以把一双鞋做得出神入化的老鞋匠,在他工作完成后那一刹那的感觉,和一个艺术家创作完一个作品后的感觉其实是一样的。

刘索拉→所以我觉得相信宗教用不着包装自己,说自己是宗教徒。往往这样的人是很虚伪,很世俗的。而且他们很可能是坏事做得太多,或心里太阴暗,想用宗教来拯救他们,所以特别想追求一个后果,或来世,或在现实给人一个好假相。其实我不追求果,我说的我相信因果报应,我是对外来说的,比方说什么人做了什么事,我知道这事后头会有结果,但是从我本身,我不图果,我干任何事我不想果,尤其是干好事别想果。我也不想来世。我也不来世了。我没有想过,我现在干的事是坏是好,它就会给我一个什么报应,我不图那个。包括责任感,都是命里注定的。你就顺着往下走就完了。我就这么想的。

田青→你其实是一个真正有宗教意识的人,你的境界,实际上也接近了宗教的境界。的确像你说的那样,许多人相信某种宗教,是为了自己,为了救赎自己,为自己求来世。但真正的、最高层次的宗教并不是这样,比如地藏菩萨,"我不下地狱,谁下地狱?""地狱不空,誓不成佛。"这才是真正的宗教情怀。如果把宗教当成一个可以投资、可以生利息的"银行"，当成一笔长期存款，那就不是真正的宗教，不是真正的宗教徒。宗教不是一张信用卡加一身名牌服装，让你"消费"和招摇的。不是这样的。宗教实际上是一个人生态度，一个舍我为人的人生态度。

刘索拉→我觉得这是一个没有办法避免的事情，有的时候都没有办法说。有的时候你意识到了这个东西，你不想意识到它就在那儿，如果你承认它就在那儿，你没有办法避免，它就在那儿，你看见了，那你怎么办？你说没有这个东西，可它就有，你感觉到了。那你就承认吧，而且你服吧，没办法。……所以说魔鬼是创作的动力，而天使是创作的目的吧。不过，魔鬼是动力，给你一个动力，可是到你真的创作的时候，得沉静下来。因为在你最躁动的时候，创作出来的东西往往是混乱的。所以你需要一个升华。刚才说到的放松与控制，也就是魔鬼与天使的结合。

田青→当然，现在许多人把创作当成一种欲望的升华。不过，天使和魔鬼是可以互换的，你处在天使的状态，你才能创作出天使般的作品，你如果处在魔鬼的状态，心里是躁乱的，那么，你写出来的东西也肯定是躁乱的。是不是这样？

刘索拉→我觉得世界上的所有作品不见得都是天使的作品。作品可以是天使的，也可以是魔鬼的，可以是非常魔鬼的作品。但是呢，哪怕是魔鬼的动力，你还是知道怎么样把魔鬼的动力引到你这儿来，让它沉淀。哪怕你今天就是要表现魔鬼的动力，你还有一个怎么样让它出来的问题，而不是说你带着动力拳打脚踢地就出来了。我现在又想到另外一个问题，就是说在创作上，艺术家最单纯的浪漫没用，我觉得把艺术家和常人分开是没有意思的，其实艺术家和常人一样，只不过是在从事一种职业。所以说，如果说艺术家身上有魔鬼的动力，常人身上也会有。但是有些艺术家区别在于，你得知道怎样把魔鬼的动力变成艺术品出来。它不仅是一个常人粗暴的反应，或者是常人混乱的反应。但是有些艺术家经常误解，认为把我的混乱直接反映到作品中就够了，所以我们经常能看到粗制滥造的作品。但是他也是真有感情，也是真拿感情写出来的，这个就牵扯到这种感情是什么类型的，哪怕你就是原本的感情，但由于你所受的教育，这种原本的感情已经不原本了，这原本的感情已经经过了历史的各种艺术的影响，所以你的原本的感情出来后可能就是贝多芬的一个再版。但是你非说是你的原本，其实可能是你小时候听过贝多芬的作品以后，那个原本进来了。然后你在爆发的时候，你只能用他的手段去爆发你的力量，所以这不是你的东西。但是我们有些作曲家就比较糊涂，就觉得我这是原本动力，我是拿命写出来的。在这儿，我又不是一个全然主张生理性的人了，不是所有拿命换来的艺术品都是可贵的。一个人写了一辈子贝多芬式的音乐，写死了，等于替贝多芬又死了一次。那种生理性还是闹了个忘我。

所以我刚才又提到为什么在批判大作品的时候，不容易一下子对大众说清楚。因为大作品要牵扯到和声的问题，牵扯到

曲式和配器的问题，但在批判这个的时候，它就要有一个整体的教育，如果我们中国在整体的音乐教育没有那么高的时候，就特别难去说清楚。比如你说这个音乐之所以陈腐，之所以他妈没意思，主要是和声手法太陈腐了等等。我这么说根本没用，大部分人都不知道和声是什么东西，什么叫和声手法陈腐？再说简单点儿，只说旋律庸俗吧，旋律怎么会庸俗？有什么准则？我没有办法举例子，这只好让作曲家自己去掂量了。每人自己对自己有一种要求。其实你得明白，你身上经常反应的是一种什么东西，不是说你随便反应出一种东西来它就值钱，它就是一个好东西。所以比如说很多人特别浪漫，演奏出很多音符来，但是听的时候，比如说古琴，就像西方18、19世纪的那种情绪和那种感情，不是中国古人的感觉。我觉得，那种感觉，其实就是弹琴者受了西化的浪漫派的教育以后，他就在古琴上头发泄，显出一种特别酸的文人情绪。其实古人在发泄的时候，没有那种特别酸的情绪。其实音乐家应该学会明白，音乐还不仅仅是他身上有这种力量，想要发泄这么简单的事，跟文学家写作一样，你得对文字有种感觉和判断力。那演奏家也可以说，这就是我真实的感觉。那对不起，您的感情还得稍微沉淀一下，才能把它变成艺术。把它变成艺术就得有鉴别力。就有一个教育过程，就是审美观和对艺术知识的教育，使他懂得创作和发泄的不同。

田青→刚才我们讲艺术家和鞋匠是一样的，但仔细想一想，也还有不一样的一面，似乎艺术家的层次太多，他的层次比鞋匠多，这也许是艺术家与鞋匠的惟一区别。因为审美观是有层次的，你处在这一个层次，就不能理解上面一个层次。但鞋匠不同，一个手艺差的鞋匠，常常能清楚哪个老鞋匠的鞋比自己做得好，虽然自己做不了那么好，但是他懂。（**索拉急于插话**）你先等我把话说完。但艺术不同，比如你刚才说的"酸"的作品，你在你的层次上说"酸"，但是我在我的层次却可能当成美。初中生不懂大学生的"微积分"，但大学生能懂初中生的"代数"。艺术创作、精神文明的创作与物质的创作、物质文明的创作，还是有所不同的。在人格上，修鞋的与艺术家一样，但在职业层面，还是有所不同。

刘索拉→我不同意。因为如果你要了解鞋的历史，全世界做鞋的历史，和做鞋艺术的历史，你就会发现，鞋在每年出产多少品种，和代表多少阶层的审美。那是特别令人叫绝的。就是说鞋呀，其实是非常讲究的，是很重要的。这鞋，就跟我刚才说到的袜子一样，所以我说这是一种基础教育。如果整个基础跟上了，你就知道，不是说你穿着一双皮鞋就行了。这不是皮鞋和布鞋的区别，这皮鞋代表什么样的人穿，什么皮，什么底，什么样的造型，什么样的审美观穿什么样的皮鞋。皮鞋有好几百种呢。你是专拣贵的穿呢，还是专拣名牌穿呢？你是穿什么样的做工呢，还是穿什么特殊设计呢？有的皮鞋做工就是专门针对某一种人的，那种皮鞋就是某一种人才能穿，另外一种人就不能穿。比如说，妓女会选择一种皮鞋，上班的职业妇女会选择一种皮鞋，艺术家会选择他们的皮鞋，商人的皮鞋又不一

为治病作的画／1996 年
原作为红色调，作者认为红色能舒缓精神
主治：头晕目眩、阳弱阴虚、五行错乱、内分泌失调、头重脚轻、
根基不稳、前景莫测

样了。皮鞋的颜色和你衣服的颜色，皮鞋代表的情绪，是复古的，保守的，还是叛逆的，风流的，还是傻瓜的。还有这鞋是白天穿的，晚上穿的，走路穿的，开车穿的等等。这就是一个普及教育的问题。我觉得在咱们国内吧，什么东西都糙，糙到说反正我是干这个的，我就干了。可是一个鞋匠要干的，不是光把鞋给修出来，好的鞋匠会说，这位先生是干这个的，我给他弄的这个鞋得符合他的身份。我的手工是怎么做，皮子和底子是怎么连；我选什么皮子，和这位小姐的身材和她的气质怎么结合，而且这位小姐挑什么样的样子，这要看她的审美。现在我们还没有到这个地步，我经常听到国内出去的人跟我说："看，我买了多贵的名牌！"我当时就想说："这个名牌是不是你这行穿的？是不是适合你？你懂这名牌是什么意思吗？你干吗要穿它？你明白这种设计的含义吗？你举止说话完全跟这件衣服无关，可是你穿着这么一件衣服，你整个是一个怪物。"从这一点来说，音乐也是一样的，比如说音乐中的酸，如果我们有从小一直下来的音乐教育，到了小孩儿差不多十八岁以上时他就知道什么叫酸什么叫不酸了。十八九岁的青年跟二三十岁的人的身体素质不同，但是十八九岁的青年已经可以接受成年人的一些审美教育了。如果他从小就有一种完整的教育，那他就已经知道酸是怎么回事了。他如果受过中国音乐历史的教育，西方音乐历史的教育，而且这个教育不是片面的，不是扣大帽子的，而是非常细腻的，有人性化的，而且又是比较聪明的一种教育。整个历史教育如果是这样给他们的而且是从小学、中学就开始了，他们到时自然会有一种选择。

田青→但目前的问题是,不是被教育的对象不知道什么是"酸",而是教育人的人不知道什么是"酸"。

刘索拉→所以这就是做教育人的毛病。你们做教育的人得往下学,得有一种感觉,就是说你们不够,我觉得你们太容易地就觉得你们知道的够了,或者站的地位特别高,你说的就是对的。我觉得你们应该有这样一种感觉,就是还有好多东西你们都不知道。如果做教育的都是这种态度,小孩儿就有希望了。

田青→我还是做鞋去吧,你这个要求太高了。(笑)不过,刚才谈天使与魔鬼时,我忽然想起佛教里有这样一种说法:"欲令成佛道,先以欲钩牵。"也就是说,佛教其实是充分肯定了欲望与本能在你修行、成道的过程中,尤其是在这个过程的初期所起的作用。欲望是一个动力。但是,光有欲望不行,生理层面的欲望如果仍然从生理的层面发泄,还是成不了艺术。

刘索拉→你把艺术搞得太认真了。你老在说艺术,说艺术家光有生理层面欲望发泄你成不了道,成不了佛,或者成不了你想达到一个什么境界。但是艺术不艺术跟这个没关系,很多艺术就是生理方面的发泄。它就是叫艺术,之所以叫艺术。就是因为它特别直接。所以我刚才一再强调:艺术没有什么了不起。就是有人他要通过音乐,通过舞蹈,通过美术来发泄他的

一些感觉，这就叫所谓的"艺术"。那些艺术都不能达到你说的那种境界。它也叫艺术。想达到那种境界不见得非得通过艺术，艺术并不是一个最至高无上的事情。现在都快到了 21 世纪了，这个时候艺术已经不像我们在课本上读的那样。18、19世纪时只有零星的艺术家在世界上被注意着，只有那么几个艺术家，所以你觉得他们特别了不起。现在这个世界，谁都是艺术家，你要在纽约看剃头的，有些发廊，他们所有的感觉就是他们都是艺术家。因为他们理发时，给你理出各种各样的形状，他就是艺术家，他就是视觉艺术家。尤其现在又有了那些多媒体艺术，装置艺术等等。比如说这个大堂，以前的人会说"把大堂装饰一下吧。"请一个装潢师来布置一下就行了。但现在如果请一个人来布置大堂，哪怕他就是挂上几幅画儿，写上几幅对联，那这整个大堂就是他的一个艺术品，叫装置艺术。建筑家也是艺术家，做头发的理发师，发型师吧，如果他开始创造了发式，那他也是艺术家。所以艺术家这个口号，就变得非常平民化，特别一般了。如果一般的话，就没有意义去强调艺术家的特别性，就是艺术家必须什么样儿，没有意义了。所以说做鞋的确实就是艺术家，从现在意义来说。其实这就是一个我们看我们自己的问题。刚才我一再说，这是件见仁见智的事。你扪心自问，你弹琴的时候，即兴大和弦，大琶音，全是18、19 世纪留下来的大琶音，不懂得老百姓会说："他琶得可真快呀。"那个大琶音出来，跟着一个什么这个和弦，那个和弦的，没什么了不起的，这是最基本的，是一个钢琴系学生起码应该琶出来的声音，那个声音是在重复别人的声音。但是你不知道，你以为他琶出来的是什么了不起的声音，就是这么个意思。其实没有比一般人更特殊的意思，我们每天都在重复前人的声音。我自己也一样。而且现在有多少艺术家是靠投机，或者更是靠压制同行谋生。就算是出头露面，成功了，他比一般人能强到哪儿去？他没有什么可强的。所以我觉得这个时候来讨论艺术家的特殊性没有意义。其实，我刚才说错了一点，就是中小学教育，除了应该知道西方音乐史和中国音乐史，我觉得还有很多文学的东西要学。文学素养上提不高的话，你不会懂得音乐。就像我刚才说的酸。所谓这个音乐真酸，有人也许会问："我不明白，你为什么说这个音乐酸？"那可能就是您的文学水平不够，不光是音乐水平。

田青→艺术中的"酸"，还是要有一定的审美修养，达到一定的境界才能感受到。一方面，这里有口味的不同，有的人喜欢"酸"，有他喜欢的道理；另一方面，还是有一个境界、眼界。因为，毕竟艺术还有层次、格调的区别。你刚才提到艺术家要加强文学的修养，其实还不光是文学，只有大量接触、认识不同的艺术作品，才可能有评判作品的能力。另外，他人生的境界也得不断提高。假如一个人到了50岁了，还是20岁时的境界，他自己的人生境界不开阔，那么，他还是不懂这件艺术品"酸"在哪儿。所以，话题又回到了我们开始谈话时的起点，就是人文教育的问题。看来，一个全面的人文教育的问题，的确应该引起我们的注意了。

2000 年 2 月 北京

Improvisation Music & Personal Consciousnes.

即兴音乐与个人意识

■在中央音乐学院与学生座谈

其实我们无需听遍全世界各民族的歌声，只要把中国各民族
各地区的歌声听一遍，就会发现，人在歌唱时，能使嗓子发出
等丰富多样的音色。如果愿意想像一下我们浑身长毛的祖先，在
随心所欲扯着嗓子放声高歌时的情景，就更能体会这一点。只是
一种唱法太通行时，反会搞得作曲家别无选择。

——郭文景《年代湮没的歌声》

摄影／阿城

即兴音乐与个人意识

Impromptu Music & Personal Consciousness

在中央音乐学院与作曲系学生座谈时的发言

与作曲家及好友郭文景在音乐会后／1999／摄影／鲍昆

时间／1999年11月
主持／郭文景（著名作曲家、中央音乐学院作曲系系主任兼教授，刘索拉的同班同学）

郭文景→ 今天索拉来了，杜先生（杜鸣心）也来了，他教了索拉五年半。今天还来了许多年轻的同学，我们在这里上大学时，他们还在上幼儿园。在这里，我先多说几句，首先，我给大家介绍我们作曲系的大天才——刘索拉。(热烈的掌声)当年我在这里上大学时，上得是满头大汗，而她却是一边玩，一边写小说，就把大学给上完了。(笑声)大学毕业以后，我们所有的人都在苦苦地作曲时，她却是突然发表了一部小说，就是《你别无选择》，把所有的作家都给镇了。她一下子成了最棒的作家。她的代表作有《你别无选择》、《蓝天绿海》等，在今天的中国文学史上，必然要讲到刘索拉。哎，索拉，你好像是作协的吧？

编者说明 继上篇刘索拉与田青教授的长时间对话后，后文中将有多处这样的"田批"，"批"绝不是批判，有"注"的意思，但又不完全是，实际上是田青教授与刘索拉另一种形式的对话，这种形式更为自由、轻松自然又内涵丰富。

田批：

郭文景对刘索拉的这番介绍及二位的开场对白，在表面的随便和老同学间轻松、亲热的调侃中，透着一种真诚、透着一种只有在真正的艺术家之间才会存在的相互欣赏与相互尊重。

郭文景称刘索拉是"我们作曲系的大天才"，不可视为一般的"吹捧"。第一，他给她戴上这顶帽子后立刻加了一个很有说服力的注："当年我在这里上大学时，上得满头大汗，而她却是一边玩，一边写小说，就把大学给上完了。"可谓语出有据。第二，封别人是"大天才"的这位

刘索拉→ (笑)我不是音协的，我是作协的，音协不要我。

郭文景→ 她成了一个很有名的大作家。作为同学，我们感到非常的骄傲。80年代末她去了英国。后来说她在搞什么……(录音不清楚)有些怀疑，后来我去美国听了她的《蓝调在东方》，还有《中国拼盘》(即：中国拼贴)。觉得她真是不简单，是前天吧，在保利大厦演出，她唱的是《中国拼盘》里的作品，反响很大。我们有许多同学都听了。索拉不仅仅能唱爵士音乐，她也能唱我们写的这类作品。

刘索拉→ 我给他唱过一次。

郭文景→ 朱利亚音乐学院乐队演我的作品《甲骨文》，在纽约演的，就是索拉唱的。她写小说也行，唱歌也行，写爵士音乐也行，总之，写什么都行。她今天来，主要是和大家聊一聊，我觉得这个想法很好。你要想成为作

曲家的话，除了学习之外，怎么样的生活，怎么样去对待一些事情，以及更广泛的东西，我觉得索拉从她这么多年的经历得出来的经验，对我们会很有帮助和启发的。所以说，你们除了问她一些技术性的问题外，还可以就她的文学创作，她的演唱等方面提出问题来。

刘索拉→如果你们想知道郭文景，可以来问我。(全场大笑)

郭文景→她可是很挑剔的，所以你们要表现好一些，别让她回过头来说我的学生不怎么样。(大家笑)好了，现在就正式开始。(热烈掌声)

刘索拉→首先，请大家转过头去，向我们的杜老师致以深切的敬意(全场鼓掌)，我觉得，我特别荣幸的是杜老师今天能来。我本来准备完了事以后去看他，没想到老师亲自来了。嗯……再下来我就不知该说些什么啦。其实

先生自己是什么人呢？他与刘索拉及谭盾、瞿小松、叶小纲等一帮目前在世界乐坛叱咤风云的"新潮作曲家"们同是这个中央音乐学院空前绝后的"才子班"的同学，其音乐创作才华横溢、个性鲜明、风格独特。他的交响合唱《蜀道难》被称为《黄河大合唱》之后中国合唱音乐的又一个高峰；他的歌剧《狂人日记》是西洋人用汉语演出的第一部中国歌剧……于是，这几句吹捧，便有了点惺惺惜猩猩的味道。不过，作为这二位的朋友，我倒是知道他俩再互相吹捧也没用。有一次，二位互相斗嘴。被挤对到墙角的郭文景便设计了一个"世纪末"的场景："假如这世界上就剩下一个男的、一个女的，就是我跟你，那你怎么办？"索拉想都不想，说："我跳海！"

田批:

这里还得介绍一下这位教出了"大天才"的作曲家杜鸣心。现在一般的青年人可能不太知道他的名字,但提起他的作品,则恐怕无人不知,无人不晓了。作为作曲家,他曾与吴祖强共同创作了舞剧《鱼美人》的音乐;与吴祖强等人共同创作了芭蕾舞剧《红色娘子军》的音乐。这两部作品,无论是谁写中国近现代音乐史,也都不可能不写上大大一笔。作为教育家,他的地位也许应该更高。不信您就打听打听,全世界的作曲系教授,有几个能把一篇学生的"文章"随手就在键盘上转化成音乐?又有谁能把作曲系的学生培养成一个影响了一代青年作家的小说家兼离经叛道的爵士音乐家?

我跟郭文景已经说了,我上次已经跟大家谈了许多关于蓝调的一些东西,这次再重复就没劲了。我看你们肯定有些新的想法或是问题,咱们就随便聊吧,你们问到什么,我就说什么,这样也许就能说下去了。我先再说几句:刚才你们的郭老师提到当年上学的时候,我是一边胡闹,一边就把课给上了。我想说的是,这都是由于有了杜老师。(笑,全场笑)杜老师教了我五年半,我觉得,有一大半(音乐)都是杜老师帮我写的。(大笑)我记得我刚入学的时候,有一次上课,我不知道第一部作品该怎么写,好像是一个小的钢琴作品,我就想像着鸽子在蓝天上飞翔之类的挺浪漫的东西。一个星期后,我交给老师一篇文章,内容就是鸽子如何在蓝天飞翔,其实是一篇文学作品。然后我对杜老师说:"老师,曲子我不出来,这就是我想写的内容。"(全场笑)杜老师接过来,看了看,说:"哦,是这样的。"然后他在琴上摸索着各种和声音型,很快地就把我那篇文章弹下来了。我说:"您慢点弹,我好把它

给记下来。"(全场大笑)就是多亏了杜老师这么扶着，我才连滚带爬地毕了业。这样的情况相当多，我一告诉杜老师我想写什么，杜老师的手就在钢琴上一放，告诉我这个作品立意应该在哪儿。所以要说起即兴呢，咱们的杜老师可是即兴大师。你们还想知道郭文景的什么事吗？(全场大笑)

学生→ 我觉得您的作品非常非常的综合。包括您的爵士、现代、古典等，甚至包括您的各种唱法，以及民歌等等。您觉得您还会再改变形式吗，再创造一种新的形式出来吗？

刘索拉→ 我想会的，因为我觉得音乐是没有止境的。你做完这种尝试，还会有许多许多新的东西在等着你。比如说，我的下一场音乐会是在美国，是我的声乐和钢琴。我在试着把它们更加爵士化。除了我现在的这些你们都听到过的东西，我还想尝试怎样才能使中国音乐与西方音乐更加融合，并且更加自然。你们都知道欧耐特·考曼(Ornette Coleman)吧？我后来受他的影响特别多，他差不多是把着手教给我了好多的东西。他一般用的都是自由爵士乐的东西。我认为，传统爵士乐的东西听起来感觉很远。我是说它们和中国音乐的距离很远，而自由爵士乐要近一些，因为自由爵士乐特别容易和各种不同的音乐融合。这是由于它一旦自由了，就会尽可能地撒开了。传统爵士乐的结构和唱法看起来更远，我正在琢磨着怎么才能将我的东西和它融合在一起，形成那么一种特殊的气质。在下一场音乐会上，我将进行这种尝试。每一场音乐会，我都会进行不同的尝试。还有许多别的民族的东西，我现在还不了解。

学生→（声音太小，故略）

刘索拉→ 我现在越来越明白了，作音乐是一种特别灵活的东西，不像我刚开始作的时候想的那么死。比如

我的朋友、黑人音乐家佛南多在北京京剧学院给学生们示范倍司演奏，过后一女生要求看他的肌肉是否健美。1999/摄影／洪惠瑛

我写这个想证明什么，写那个要说明什么。其实，作音乐的经常是在作品中想要实现的东西，到了演出时往往就变了。根据你用的乐队的不同，情况也会不同。作音乐的就像身上有好几把枪的枪手，不同的情况使用不同的枪。作音乐应该灵活一些，比如我这次演出，乐队的鼓手是爵士乐的鼓手，而贝斯却是摇滚贝斯，根据这种组合，我马上想到，在不改变我的作品的音乐结构的情况下，可以往摇滚或重摇滚上靠。而且我觉得，这样听起来更好玩儿，也更好听，观众也一定会喜欢。否则，我的东西就显得太艺术性了。

以前在作唱片时，我想到的是在完成一个东西，达到一个音乐上的目的。现在我的想法不同了，我不想再回头去追寻当年的那种感觉，因此我在想，既然我现在有了这么好的一个贝斯和鼓，我要利用它们再做出另一个效果来。所以，每次不同的组合，都会使我的心态产生变化。就会这样想这次咱们这么玩玩儿吧。就是这样

田批：

她的这个"太艺术性了"应该加个引号。她在这里所谓的"太艺术性了"，其实是指"太做了"，"太刻意了"，"太不随便了"。没辙，有什么老师，就有什么学生。老师喜欢"即兴"，学生就忍受不了"刻意"。也许，"自然"是艺术家最终的追求？

的。……没关系，你们随便想到什么可以提，问什么都行。咱们现在完全是在聊天，拉家常。

郭文景→ 你们有哪些同学看过她的小说，或听过她的音乐作品？哦，还不少呢！

学生→ 有没有人想过给您拍电视或电影？

郭文景→ 有许多电视导演和电影导演哭着喊着追着要给她拍，索拉说"你们谁演得了我这个角色？"她说的也是。

80年代初在音乐学院与作曲导师杜鸣心先生（中央）一起合影。在其中有我的同班同学叶小纲（左二）、鲍晋书（左三）、瞿小松（右二）。作曲课时我常常交给杜鸣心先生一篇文章而不是一首曲子，他把文章像谱子一样摆在谱架子上，然后看着文章，一句一句在钢琴上把我的文章弹出来。

刘索拉→你们看谁演得了郭文景?（全场大笑)。

郭文景→那时候，有些人想拍电影，一天到晚往你那儿跑，要拍你。

刘索拉→对，那时候是有人缠着我要拍电视连续剧，还想让咱们班的人都上。(大笑)你们有什么问题都可以提出来，咱们这是在聊天。

要艺术也要生活

田批：

这个吴蛮，是目前在美国最活跃的青年琵琶演奏家之一。她的技术应该说与她的相貌一样出色。我第一次听她弹琴，是1989年夏末。当时，中国音乐界的各色人等为了给中国近代音乐家刘天华的墓立碑，齐集北京西山。也许是由于音乐家们对刘天华的事迹和贡献都已烂熟于胸，所以，那天在会上发言的各位，便都把发言的主要内容放在了批判"动乱"和"资产阶级自由化"上。在口诛笔伐之后听一个清清秀秀的小姑娘弹《歌舞引》与《改进操》，不可能不留下深刻印象。

再听吴蛮弹琴，已然是几年之后了。1995年秋，我应邀去荷兰著名的莱顿大学讲学并在欧洲民族音乐学年会上发表论文。在会议举办的音乐会上，专

学生→我想问您一下，我是弹琵琶的，听了您的演出后，我觉得吴蛮的琵琶弹得特别棒，我想了解的是您是怎么找到她的。

刘索拉→吴蛮是我六年前到美国时，我跟宝利金签合同，作了第一张唱片《蓝调在东方》。当时的制作人特别好，比由·拉思威欧（Bill Laswell）。他问我要什么样的乐队？什么样的人？我写了一个我的乐队编制给他，其中就包括琵琶。因为我在英国的时候，曾经用过一个琵琶手，她是西安音乐学院毕业的。我当时的音乐代理人就找到了吴蛮，然后告诉我，我说："哈！你找的是最好的！"我早就听说过吴蛮，但一直没有机会认识她，这是我们的第一次合作。我写了一些东西让她试着跟我的乐队合作。当时我的乐队有十几个人，大都是爵士或蓝调的风格。我给吴蛮写了一些段落，她不但弹得特别快，而且还特别准确，完全没有技术上的障碍。她对于曲子把握得特别好，所以我觉得她很难得。我就

跟吴蛮说："咱们一定要合作一次。"于是我开始琢磨怎样能把我的声音与她的琵琶融合在一起。为此，我请吴蛮到纽约住了一个星期。在这之前，我想了有将近半年，就是想的这事。因为琵琶所表现的音乐特别丰富，但咱们一般听到的琵琶声乐其实都是小调，都是那种一个女的弹唱的茶馆音乐，给人一个挺幽雅的感觉。当时我就是在想，就是两个人，怎么能产生这种效果呢？想了半年，就想听到这种声音，后来还是我偶尔听到一个非洲音乐，受到启发，才有了现在的这种效果。后来我又看到陈丹青画的一幅（十联）画，也就是拼贴，就等于是将古典的和现代的并列起来，然后再画。他摹仿得特别好，十张并排。（他的画）有的是三联，有的是两联，有的是十联，也就是把十张画摆放在一起，都是特别大的画。我看到后特别震惊，立即就联想到我的音乐。以前我并不觉得拼贴和我的音乐有什么联系。这两者之间有距离。可是看了他的画后，我突然感到这段距离被缩

程从美国赶来的索拉和吴蛮表演了索拉独创的《中国拼贴》。当索拉在台上一会儿哭，一会儿笑；一会儿青衣，一会儿花旦；一会儿像个弃妇，一会儿像个荡女；一会儿风情万种，一会儿愁肠百结；一会儿中国古文加美式英语，一会儿咿咿呀呀哼哼唧唧除了她自己谁也不明白地乱唱时，吴蛮怀抱着琵琶，一边随手弹着从中国古典乐曲里"偷"出来的片断，一边抑制不住地看着索拉的疯样子乐。我不记得还有哪一场音乐会像这次一样让我如此开心地笑过，真的，我当时确实笑出了眼泪。而且，全场的听众——来自世界各地的音乐家们，都和我一样被索拉天才的表演所打动了，人们一致认为她和吴蛮的演出是音乐会上最棒的节目。索拉完全如入无人之境的"自在"

状态和似乎随心所欲但却仍具结构感的音乐，让你强烈感到是"中国风格"，但又与中国任何一种音乐、戏剧、曲艺迥异的旋律；忽尔高亢入云忽尔低回婉转但又的确有了不起的器乐化了的歌唱，以及吴蛮自顾自的琵琶"对位"和难以抑制的笑容；甚或她俩在台上"眉目传情"般的交流，都让所有有幸出席音乐会的人如沐春风，常记难忘。

当音乐会结束之后我看到这两个疯子时，索拉双颊绯红，两眼闪光，问我："我刚才像不像一个手下有几百个妓女的老鸨？"我笑得说不出话，只是点头。她又指着吴蛮问："她像不像个刚出道儿的雏妓？"我更说不出话。吴蛮也笑得前仰后合，说："你没听她刚才排练时中间那通乱叫，跟真的是的。我

短了。也许是因为他是我的朋友。我突然感到了一种启发，于是我把吴蛮叫到我家，我说："吴蛮，你把所有这些琵琶曲子都给我弹一遍。我让你在哪儿停你就在哪儿停。"（笑）然后她就稀里哗啦地弹了起来。因为我要寻找我能感到的那种音素，就是你们听到过的那种东西。按照咱们的传统手法，那种音素虽然存在，但是在发展中被抹掉了，根本听不出来。其实，这里面含有老的摇滚的一些东西，但是一经发展，弄得高潮起伏，起承转合，十全十美得把自己的东西就给丢了。所以我就是从里头再给找出来。所以我就说："你就弹吧，我来找。"（笑）找来找去，找出了一大堆特别好的音素，然后我就开始做这种组合，也就是开始拼贴。拼贴完了以后，我让吴蛮弹，把吴蛮的手指都给弹破了。因为一拼贴，等于是把所有最难的东西都给贴在了一起，所以吴蛮弹了一个星期，手指头就破了。吴蛮说："我弹了那么多古典曲子手指头也没破过。"这里还有一个原因是，我这一拼贴，启

承转合，把中间休息的地方全给贴没了，把那些最快的，最低的，最激烈的都放在了一起，她弹起来就不能停。连续地一个动机，来回地重复，而且都是快节奏的，这也确实难度很大。好在她的技术能跟得上。而节奏却是一个问题。我对她说："你不能这么弹，你的节奏弹得太准了。我不要你的正拍。比如（随口唱了一个小调），这是传统的，你不要用这种弹法，认为你的节奏应该是反过来的。"我对节奏的这种要求，也让她感觉了很长时间。其实，这东西一点儿都没变，那些音符一点儿都没变，关键就是你怎么去弹。我经常跟她说："你不要这么弹，你得找这样的感觉。"我们整整一个星期都在琢磨照我的这个感觉她的琵琶应该怎么弹。琢磨完了以后，我们就累死了。（全场笑）然后就是考虑我的声音。我的声音也贴了一些，但没有全贴，因为没东西可贴了。人声的东西找不到了，都是唱腔，没法跟琵琶这种乐器较量，因为琵琶的声音太丰富了。所以就逼着我去想，我的人声

说，你上台可别这么叫，那非让田青笑死不可。"

我现在还活着，还真得感谢吴蛮这句话。

吴蛮与佛南多在北京爵士音乐节演出前排练时，头撞在麦克风上了。吴蛮："哎哟！"佛南多："你没事吧？"/1999 摄影／洪惠瑛

应该怎么办？于是我第一次想到，我的人声应该向乐器方向发展，我的人声若是停留在唱歌的程度上，我想拼贴都找不到东西了。这就逼着我去琢磨人声应如何向乐器那儿靠，为了我的人声，于是我就创作了很多器乐性的东西。只有这样，我才能够和琵琶较量，才能进行合作。我们俩做完了这些以后，就各自去练习了。第一次演出是在纽约的一个名叫"厨房（The Kitchen）"的剧场，我不知道你们听说过没有？演出前，我有好几次都快要练得晕过去了。（笑）因为它需要的人声特别大，而且是连续不停地，出来的都是已经器乐化了的声音。演出前，我们两个都感到很累，上场前我对吴蛮说："你就这么想，咱们上去就扫射。"（全场笑）前两天，我们受到"263网站"的邀请，他们请我们再去演出，现在我还没有找到吴蛮，等找到后，也许我们还能在北京再演一场。就是我们俩演的《中国拼贴》。

《中国拼贴》的 CD 封面

学生 → 就光是您和吴蛮两个人

吗？

刘索拉→就是我和吴蛮。这种效果就完全不一样了。就可以听到我们两个人原装的演出。但是现在我还没有找到她，所以没定下来。

学生→那她使用的素材全是您提供的吗？

刘索拉→她的琵琶素材基本上是我提供的。但是在这次演出的中间，吴蛮做了特别多的即兴表演。刚开始她还不太熟悉即兴，因为咱们传统的民乐演奏家一般都是照着谱子演下来的，所以在练习中我就告诉吴蛮一个动机，这个动机是很有意思的。我说："吴蛮，你来感觉这个动机，你就来回弹，反复弹，你可能跟着这个动机就下去了。"我在谱子里特意给她留了一段，前后我都弄好了，中间的一段留给她即兴。我先告诉她一种她已经熟悉的东西，比如绞弦、推扫等，这些东西是琵琶演奏家随便一忽啦就可以弹出来的，我就让她绞、推、扫，我也不给她写谱子了，由她随便发挥。从那儿开始，我一点点儿地让她去即兴发挥。如果一开始就让她达到一定程度的即兴，那她肯定就傻了。如果先让她用绞、推、扫来即兴，效果就会不同。后来我特意为她留了几个段落，让她进一步练习。比如像民歌的那段，吴蛮自己就能应付得很好。(随口哼了一段谱子)这对她来说，没有什么难度，基本上给她一个和声就可以了。那些技术性要求特别高、特别精确的部分，全是原版的琵琶曲子。我觉得这次演出，吴蛮真是撒开了，跟以前的感觉不大一样，让我也大吃一惊。她会突然就冒出来一个想法，就开始即兴，她这次可真是完全放松了。感觉特别好。她现在的即兴是越来越好，越来越明白了。这东西就是得老这么玩儿，玩着玩着，就成了。

学生→是找到感觉了吧。

刘索拉→对，是找到感觉了。所以她会突然弹出这个声，那个声。我觉得作曲家的责任，就是当你了解了这个乐器，你应该去启发演奏家，你要是硬干涉她，非让她即兴，她就会傻在那儿了。尤其是咱们国内训练出来的演奏家，他们的技术特别好，但有时会傻在那里。你应该启发他们，引导他们去即兴发挥。你要记住他们的技术特长，经常启发，慢慢他们就会习惯了。

学生→您不觉得这样太死板了吗？

刘索拉→不，我不觉得。因为这要看你是在给谁写音乐了。吴蛮很全面，正统的和非正统的音乐，她都可以弹，她是一个训练有素、造诣很深的演奏家。但是在国外，有的音乐家，比如说爵士乐的音乐家，你给他写的谱子他不认识，所以首先得

我在演出／摄影／郭盖

看你是在给什么人写谱子。可是有的时候，就是这些不识谱子的人却能奏出非常好的音乐来。总之，你得适应各种各样的音乐家，比如说外国的古典音乐家，他们完全没有障碍，你给他们什么东西他们都能非常精确、非常快地表达出来，有两次基本上就能拿下来，听起来很过瘾。但是你不能给他们太多的即兴，那样他们就不知道该怎么办了。他们需要一个适应过程，也就是一个放松的过程。而爵士音乐家呢，他们是彻底放松的，你给他们的限制越少越好。我试着多给他们一些限制，但这是在给我自己找麻烦，因为限制多了以后，在我写的那些地方就会打疙瘩。比如说，你给他写了十二小节，剩下的全是即兴，他即兴时表现得特别好，但是一到十二小节那儿，他就打疙瘩。但是也不能让他们全即兴了，你要从头到尾都让他们即兴，那个音乐还是你的吗？完全失去了你的风格。因为每个人即兴的时候，都有自己的风格在里头，比如说当你即兴的时候，有些东西可能你会老重复，因为那些是你最习惯用的东西。几乎每个人都是这样的，所以才会有派别。包括那些大师们在内，他们也重复他们认为是最好的东西。爵士音乐家有了他们的风格以后，你想要实现你的作品，如果让他们任意即兴，结果就是他们的风格出来了，而你的风格却没了。所以说，国外自由爵士音乐的弊处，我觉得就在这里。很多作自由爵士乐的作曲家，就是把几个音乐家放在一起，给他们一个和声，说一声："开始。"然后就是一片乱七八糟，一个曲子就出来了。其实，是起主要作用的作曲家没有发挥作用，于是大家就都拼命地表现自己的性格，因此里面没有统一的东西。我老是觉得这是一种遗憾。还是应该有一个人来统一一下风格，定出一个框子。我经常留给他们一个小节，尽可能多地给他们这样的机会，如果他们作得不行，我就删掉。我还尽可能的给他们一个我的主题，这不仅包括和声和旋律，而且包括其他方面。反正什么都给了他们。如果不行，我就删掉重来，但是起码在他们的脑子里会有个印象。我跟我的那个爵士钢琴家合作时经常是这样的，我给他一个主要的框架，比如说是多少小节的一个东西，剩下的就由他来自由发挥，但是到了多少小节，他必须再回到我的主体里来。他可以再离开，然后再回来，经过多少次反复之后，我需要的东西就出来了。只要他到了一定的时候能回来，中间我就不管他，给他自由，让他放松，因为我要是不让他放松，他的整个光彩就全没了。

田批：

"出去"是"放"，"回来"是"收"，收放自如才是艺术。

出不去的，失之于老实厚道；回不来的，失之于冒失莽撞。

艺术感觉就像马，拖缰带锁、埋首拉犁的，是驽马；无拘无束、狂奔不羁的，是野马。只有当年追风闯阵、青史留名的"飒露紫"们，以及现在在跑马场上驰骋如飞、身价百万的纯种良马，才是既有个性，又善解人意，并能沿着它该走的途径奋力奔腾的骐骥。

学生→ 要是他不回来您怎么办？

刘索拉→ 你得让他回来。到了一

定的时候，你得喊他一声："回来！"（全场笑）他就回来了。我认识一个老太太弹得特别棒，你要让她自由发挥起来，那可不得了。由于你给了她一些东西，她的光彩加上你的光彩，就更好了。你让她彻底自由发挥，她就会走得太远了。所以，你还不能由她随便走，到时候还得让她回来。其实你让她回来她也高兴，因为这样一来她也学到了东西。她觉得这是一种享受。比如说我吧，我也不愿意老唱我的东西，我喜欢唱郭文景的东西。张小夫你要想给我写我也唱。（全场笑）我喜欢让作曲家给我写，我来唱，因为对我来说，他们写出来的东西我可能没有想到，这对我来说是个较量。比如郭文景写给我的东西，他就不让我即兴，他会说："这个东西已经写好了，你就得这样唱，一个音一个音地唱下去。"其实这对我特别好，使我感觉到我得去练这个东西，好玩儿。最近有一个老作曲家给我写了一个东西，我对他说："老师，您可别让我即兴，到时候出来的声儿就跟我平时的一样，那就没劲儿了。您最好控制着我，给点儿您的东西，我变一下回来后，您再变一下，等您回来后我再变。"这样的东西出来后，感觉就不一样了，感觉到那不是我的东西了，听着就觉得挺好玩儿了。

学生→在舞台上，您如何来控制您空出来的那一段的时间呢？比如半小时，还是一个小时？

学生→大概是靠平时的默契吧？

刘索拉→对，是靠默契，同时也靠感觉。

学生→我觉得您很幸运，遇到那么多的好朋友在一起。

刘索拉→我是挺幸运的。但你知道吗？好的音乐家非常多。

学生→是的。但是他们的潜力往往没被挖掘出来。有时你跟他说出你的意图，他却听不明白，感觉好像不是一路人。

刘索拉→你知道怎样才能使他成为一路人吗？很简单，你就别想你是作曲家。（全场大笑）

学生→比如像我们，都是找别人演奏。如果你碰到的演奏家技术非常好，就能产生各种火花，那当然是非常幸运。但是如果你跟他说了你的意图，他却说："你为什么这样呀？"那就没劲了。

刘索拉→首先你要明确一点，你是要作我这样的音乐还是作其他形式的。音乐大致分为两种，一种是你写出来让乐队照着去演奏，这是一种做法。这种做法你基本上只考虑乐队就行了，因为你是作曲家，你统治着整个乐队。另外一种做法，就

像我的摇滚乐队，我跟他们在一起时，我不完全是作曲家，我还是唱歌的，所以在感觉上我跟他们完全是一样的。有事得跟他们商量，经常得听听他们的。有时弹着弹着，他们会说："我觉得这样不对。"我就说："你觉得应该哪样弹呢？"我这样问，因为这个东西是我的，也是他们的，他们有权参与和控制，而我只不过是他们中的一员。作曲家不要把自己摆得太高，认为一定要按照如何如何写，这是这种乐队的特点。你要是给古典音乐家作曲，你是作曲家，当然应该由你来控制，可你要是给爵士音乐家写东西，你就得跟他商量，由于他们的个性都特别强，你需要和他们磨合，根据他的意见进行修改。爵士音乐，包括摇滚乐，凡是带有即兴演奏成分的东西，音乐家本身特别重要。你首先应该想到的，不是如何突出你的音乐，而是应该考虑在音乐中如何来突出他们的特点，让观众对他留下深刻的印象。这样他们就有积极性了。

学生→我想问一下，是不是现在美国的年轻音乐家都倾向于这种音乐？

刘索拉→基本上是这样的。

学生→您先去英国，然后又去美国，您在英国住了几年？

刘索拉→六年。

学生→欧洲音乐和美国音乐是两种不同的风格。我们特别想知道您在音乐方面成长的过程。

刘索拉→英国对我的影响特别大。所以我特别庆幸先去了英国。美国是这样一个地方，你想干什么都行，好处是你可以自由发挥，但是也特别能唬人，反正只要你去唬，就会有人信。（全场大笑）什么人在那里都能找到观众。如果你在那儿干成

点儿什么事，很容易一下子就不知道天高地厚了。英国不同。它是特别殖民主义的国家，这倒给我上了一课，使我明白了中国人在世界上的位置。这在美国是很难体会到的，因为美国是一个世界性的多种族的国家。而英国仅仅是英国人的国家，我在那里知道中国人的位置。在咱们的社会主义中国，是不会有这种感觉的。而且咱们和台湾人、香港人的感觉还不完全一样，因为咱们从来都是牛皮哄哄的。（全场大笑）可是一到英国，满不是那么回事。英国人有一个好处，他们特别注重民族文化，无论是他们自己的民族文化，还是落后民族的文化，他们都注重去加以保护。这也许是一种态度，甭管这是一种什么态度，它确实起到了好的作用。这也让我看到和学到了一些东西。首先，它对自己文化的保护，我觉得做得非常好。比如说，传统的英国语言、英国文学、英国音乐、英国建筑、英国的风土民俗等等。你跟他们在一起，就会感到，他们特别在意他们的祖祖辈辈传下来的

田批：

索拉这番"英美社会比较学"可谓慧眼如炬，没有长期切肤的感受是说不出来的。说"中国老一辈知识分子"和爱把新衣服弄"旧"了再穿的"北京人"近似英人，而目前大部分的中国年轻人酷肖美风，有点道理。但其中的原因，不知索拉怎么解释，是不是老了、旧了、背气、过时的文化才知道"含蓄"、才讲"谨慎"？就像我们这些"中央帝国"的龙子龙孙或昔日"日不落国"的臣民？而"张扬"却天生地属于一切处于上升期的人或事物，不管他是肤浅、没文化的青年人还是同样肤浅、没文化的美国？

传统，他们非常认真地从细小的地方去保护这些东西。再有就是英国人是一个不喜欢炫耀的民族，他们不像美国人，比如，美国人爱开新车，而且越豪华越大越好，在纽约的街上，经常可以见到各种特别长的汽车，以此显示他们的富有。总之，美国人特别喜欢炫耀，英国人则更含蓄一些。我在英国时，老是对他们说："你们是不是诚心穿破衣裳？"我觉得他们有点儿像咱们北京人的劲儿。我记得我小的时候，家里给我买了一件新衣裳，穿之前先要洗好几遍，洗得发白了才穿，总觉得穿新衣裳特露怯。英国人也有这个劲儿。你乍一看，他们穿得都挺破旧，仔细再看，其实他们穿得都挺讲究。开车也是如此。你要是开一辆时髦的新车，人们会认为你是暴发户，没有受过什么教育，这一点与美国完全相反。英国人的含蓄，教会了我一些东西，比如在文化上的谨慎，什么东西都没有绝对的好或绝对的不好。这种谨慎的态度对我来说，是个提醒，其实，这也是我们国家老一辈知识分

《刘索拉和她的朋友》CD 碟

子所具有的美德。只不过我们这些 80 年代初出茅庐的小辈们遇到了开放政策，就把谨慎给忘在了脑后。在当时，也曾引起老一代的非议。当他们批评我们时，我还特别不理解他们为什么这么看不惯我们？我们究竟做错了什么？其实，就是因为我们忘了谨慎，在对待文化上的谨慎。仔细想起来，我在英国看到的知识分子，使我联想起咱们的老教授、老科学家、老艺术家们，他们也是那样的谦虚、含蓄，但做事却从来是一丝不苟。我们这一代受美国文化的影响比较大，例如明星文化，包装文化，做什么都要先张扬起来，好像只有这样才算是具有"现代意识"，似乎这就是时代的标志。到了英国以后，才知道不是那么回事儿。我记得那个时候英国有很多 PUNK，我刚去就参加了一个 PUNK 乐队，这个 PUNK 乐队在英国已经有很长时间了，拥有许多观众。英国的街头就有许多 PUNK，他们穿着很破的黑衣服，袜子上都是窟窿，头发染成绿色的，还向上支楞着，咱们中国现在是不是也有这样的人？80 年代末到 90 年代初，我在英国时，满街都是 PUNK，是 PUNK 最流行的时期。其实，我参加的那个 PUNK 乐队，没有一个人是这样的装束，他们就是穿着普通的西装。但是他的音乐非常有魅力，非常美。可是他们仍然属于 PUNK 乐队。这是因为他们对待生活的态度，他们的人生观，与那些街头的 PUNK 是一致的，所以大家都叫它 PUNK 乐队。比如它的吉他手，就穿着一件很普通的西装，随随便便的，一点儿也没有刻意包装的感觉。有时侯他就坐在台上弹，大家在下面静静地听着，这个乐队叫"杜提·考勒姆(The Durutti Column)"，它的音乐非常好，不知你们听过没有？香港有许多人都知道它。刚才说了，英国与美国不同，英国的音乐，包括流行音乐，注重的是谨慎，是细节，学会这一点，对我来说，是至关重要的。我到了美国以后，与美国音乐家合作的时候，我也时常感到庆幸，因为我碰到了第一流的爵士音乐家、摇滚音乐家和蓝调音乐家。同他们合作，后来还成了好朋友。长期以来，我们就这么合作着，我在他们那里学到了很多东西。例如欧耐特·考曼就教会我许多东西，他和我一起演奏，使我能亲身体会到爵士乐演奏是怎么回事；在英国根本不可能有这样的机会，只有在美国才会有。我觉得美国的音乐家竞争特别激烈，尤其是在黑人中，因为他们都是从小就在教堂里作音乐，音乐已经变成了他们生活的一部分，而且是最重要的部分。在他们中间，好的音乐家，一代一代层出不穷。对我来说，美国音乐的最可贵之处，就在于美国黑人。这两个国家给予我不同的经验，我觉得都挺有用的，但是美国会制造惊人事件。在美国艺术特别风行，尤其是在纽约，什么人都可以干点儿与艺术沾边的什么事。大体上说，它不像英国那么苛求，那么保守。英国人对现代的东西都持有保守的态度，有意思的是，正是由于这种保守，使它产生最反叛、最有魅力的东西。例如它的PUNK。英国大部分人的保守，使它(PUNK)的反叛成为真正的反叛，而且特别有力量。这是一种很彻底的反叛，它还照顾到细节。它从不做一种表面上的反叛，比如很浮夸的东西。但是在美国，有时就会产生浮夸，因为那里太自由了。

学生→您觉得哪个国家最具有文化本质的东西？

刘索拉→英国，是的，英国。

学生→说到文化本质，我觉得您很重视中国文化，包括您用的琵琶和中国曲调。

刘索拉→这不光是重视。主要是我不敢瞎使。(全场笑)我老觉得身后有两只眼睛在盯着我。(笑)其实，只要你出个中国声儿就能唬老外。在国外，特别流行"西方遇东方"的说法。我讨厌这种说法，西方遇东方？怎么个遇法呢？就是上面飘着中国小调，底下来点西洋和声，这就是老外们的理解。他们认为，东西方只要一碰上，就成这样了。这样的东西我当然不能使用，因为我觉得这样太不谨慎。

学生→那文化的深度和内涵怎样来理解？

田批：

说在国外"只要你出个中国声就能唬老外"可是"天机"！索拉你怎么一下子给说漏了？你这么一说，正打算去外国"唬"的人是高兴了，可目前正在外国"唬"的人可就该骂死你了。再者说，"上面飘着中国小调，底下来点西洋和声"就能"唬"外国人？你既小瞧了外国人，也小瞧了咱中国人！现在在国际乐坛上闯江湖的中国音乐家，哪个不是中国人外国人一块儿"唬"？对外，他是黑发黄皮，有孔子、老子、庄子，包子、饺子，官商角徵羽；对内，他是"美籍华人"，有无旋律、无调性、十二音体系、色块和声、这个主义、那个主义。实在没音乐了，还可以来"行为艺术"，玩皇帝的新衣。

刘索拉→你要使用一个东西，首先你得知道为什么这么使。你不能随便揪过来一个东西就用。你得搞明白这东西是怎么一回事。

学生→(插话)：那您对琵琶一定了解得很多了？

刘索拉→我是通过这么做才了解的。

学生→您是否觉得用琵琶表演爵士乐比较好？

刘索拉→不光是琵琶。用琵琶是我幸运地遇到了吴蛮，如果我遇到的是一位拉二胡或弹古琴、古筝的音乐家，那我很可能就不用琵琶了。所有的中国乐器都可以用，但是得有一个你跟他切磋的过程。你必须要了解这个音乐家，了解他的演奏风格。其实你们有很好的条件，在这里，你们守着这么多好的音乐演奏家，这些好的演奏家都会成为你们理想的合作对象。传统的演奏技艺保存在这里，而他们一代一代就是这样演奏下来的，因此他们都具有很精湛的技艺，就看作曲家怎样启发他们了。而且作为作曲家，你不能太保守，你要在启发的过程中，让演奏家感到这个东西就是他自己的，里面含有他的思想和风格。

学生→就是让他们参与创作吧？

80年代初在音乐学院时集体野游，与和声导师赵宋光先生合影。左一是同学张丽达。赵宋光先生的和声学是从《易经》中生出来的，跟他学过和声之后，能感到声音中的气场。因为他是音院有名的疯子教授，我对他崇拜之至，就老爱缠着向他请教根本解决不了的"人生意义"之题，缠多了，赵先生说我应该去安定医院检查脑子。我真去了。

摄影家爱
日阿·考很 (Ira
Cohen) 为我的
唱片封面拍照
时 为 了 让 我
笑，在马路当
中 把 裤 子 脱
了，我才笑出
来。／1993摄
影 ／ Ira Cohen

刘索拉→对，让他们参与创作。

学生→我还想问一下，现在有两种人，持有两种不同的观念。一种观念是为了在作品中使用更多的技术；另一种观念是以照顾听众的耳朵为主。我不知道爵士音乐属于哪一种，在我的印象中，爵士乐特别好听，我觉得它好像更多的是给人以美的享受。爵士乐是不是也很强调技术？

刘索拉→对，爵士乐特别要求技术，所以爵士乐刚开始发展就产生出许多的流派。这是因为每出现一个大师，就会发明一种他特有的技术。比如说迈尔斯·戴维思(Miles Davis)，你们都知道他的演奏特点吧？谁能用一个字准确地描述出来？

学生→酷。(全场笑)

刘索拉→对了，就是酷。爵士音乐家有点儿像老一代的中国民间艺人，

田批：
真有这样一种观念吗？就是"为了在作品中使用更多的技术"？那就不叫作曲家了，叫"技术员"。

而音乐场就是一个相互竞争、相互角斗的场所。迈尔斯·戴维思为什么酷？可能有人会说是他演不快。我觉得这是他找到了适合于他的演奏风格。他不想重复或摹仿前辈人的那种快节奏的东西，他要有所改变，给人一种新的面貌，让人一听就知道是他的东西。他自己声称，他的音乐的特点就是"酷"。所以他在演奏非常浪漫的曲子中，加上了一种冷峻的感觉。而且是不漏声色的。每一位爵士音乐家的演

在北京爵士节演出

奏风格，基本上都能听出来，有点儿像京剧中的马连良先生、梅兰芳先生，也都是各创流派，都属于民间艺术的那种东西。所以我跟他们在一起时，会时常想起中国的老京剧艺术家来。我上次在中国戏曲学院还给学生们讲过一个故事 我在爱荷华写作中心碰见一位老华侨，我俩聊起天来，说起了音乐，我说我特别喜欢京戏，他说他出国前是票友。那时还没解放，他经常去听名角唱戏，有时他也上台串一下。他给我讲过一个故事，讲的是梨园界的一位老前辈，名字我忘记了。这位老先生的个子很高，小时候戏班子嫌他长得太高，不收他，他只好一个人在家里练。他很有毅力，把京剧里所有的行当都学会了，还练出一条腿脚底朝天，另一条腿反复蹲下站起，站起蹲下。听完后，我觉得这一点特别像爵士音乐家的那种精神。前两年，我在纽约时，一个朋友塞给我一盘录像带，说："这你得看看，是以前唱戏的故事。"里面演的是一个京剧武生，他的绝活儿是从搭起的七八张桌子上往下翻跟头，人们买票也都是为了看他的这一手。看后，我觉得这也很像爵士音乐家的那种感觉。

学生→(插话)都是玩绝活儿。

刘索拉→对，他们都是在玩绝活儿。在国外，不光是爵士乐，摇滚乐也是这样的，都是在互相比，在互相竞争。他们比的就是音乐家的素质，要是败了，就会败得很惨，原因就是你的绝活儿比不过人家。所以说，咱们京剧的老艺术家为什么要创腔创派呢？就是要创出自己的绝活儿来。

学生→美国的那些爵士音乐家是怎么培养出来的？是从学校里？还是自己练出来的？

刘索拉→都是自己练出来的，都是来自民间。爵士音乐家其实是一种非学院式的，但又很学院式的音乐。爵士音乐家的素质一般都很高，都是一些非常有才华的音乐家，有些还是大作曲家，但是他们很少受过学院派的正式的作曲训练。尤其是黑人，他们从小就玩音乐，所以在技术上他们接受得特别快，特别强，但是他们中的许多人都不识谱。他们每个星期都要去教堂做礼拜，差不多每个人都是从唱诗班里出来的，教堂音乐训练了他们，他们走到社会上，有许多人就选择了音乐作为一生的职业。由于大家的经历差不多，所以相互比较，相互竞争得很激烈，音乐水平也因此越来越高了。尽管在相互竞争，但他们都是好朋友，经常在一起切磋、练习。

学生→在美国正式的音乐院校里，有没有专门教爵士音乐的？

刘索拉→有，现在有了。而且美国出了很厚的一大本爵士音乐字典。爵士乐是一个非常大的派别，差不多可以看做是美国的主流音乐，因为它已经影响到了美国的学院派。许多美国

的大作曲家，包括欧洲的一些作曲家，也不同程度受到了爵士乐的影响。

学生→爵士音乐家都受过正规教育吗？

刘索拉→不一定，这要看具体情况了。如果他从小就是爵士音乐家，那他就不会进学院学习。去学院的往往都不是爵士音乐家而想要学爵士的年

和佛南多（Fernando Saunders）在上海爵士音乐节上演出／1999／摄影／洪惠瑛

轻人。美国的学院派我不太了解，他们可能会给你讲许多爵士音乐的理论和历史，然后他们教你怎样去即兴，到爵士乐的团体中去发展，作一些作品之类的。迈尔斯·戴维思进过音乐学院，他进音乐学院的目的，主要是为了追随他最崇拜的另一位大师，并不是为了学习音乐。他当时已经具有很高的音乐水平了。我认识许多这样的人，比如说一个钢琴家，如果他是学爵士乐的，你要是让他弹古典音乐，他准弹不了。因为他在学校里学的是爵士乐，他注重的爵士乐的风格、爵士乐的感觉等等。虽然他也是从音乐学院毕业的，你给他一个古典音乐的乐谱，他肯定不会弹。完全是两回事。但是，好的爵士乐的钢琴家手指上的感觉，古典音乐家是无法相比的。他手指上的爆发力一旦弹出来，古典音乐家绝对是望尘莫及。另外，还有一个重要的因素，就是人生经历。我记得有一个早期的钢琴家，当然现在已经去世了，我听过他的唱片。他小时候参加过游行，被警察给打了，脑子有

刘索拉专辑《隐现》

些毛病。他是一个非常大的钢琴家，听他弹着弹着，就哼起来了，而且和他手上弹得曲子完全不是一回事。可是听起来特别有力，特有一种人生沧桑感，体现出他的经历和性格。不像古典音乐家那样，干干净净地坐在那儿。爵士音乐给我的感觉是，人生的经历给这些音乐家带来了特殊的思维方式，由于这种思维方式而发出来的声音，无论是从手上，还是从嘴里，都在反映着他的思想，是他思维的延续。当你看了爵士音乐的谱子，你就会发现这是大脑思维的一种过程。而不仅仅是在作曲。古典音乐的作曲家的作品，往往都是有一定的模式和规律，而爵士音乐家的作品像大脑中的符号，有时很活跃，有时又停滞了，然后会出现断断续续的东西，可突然又连贯了起来。

学生➡（声音太小，听不清，故略）

刘索拉➡ 我刚开始是从蓝调感觉到的。蓝调就是美国黑人的民歌。我

田批：

　每种音乐形式或音乐品种，都反映了一种独特的、与之相匹配的思维方式。这话好，符合马克思主义。而且，用索拉的话说，要想学好爵士乐，起码得变成"一半黑人"，这就更好，比"同吃同住同劳动"还彻底，更符合我们支持"第三世界"、有色人种的一贯立场。可是，且慢！咱中国目前多少万在美国的留学生，有几个是冲着黑人和黑人文化去的？反正我在北京大街上看到的当代青年或电视里看到的日本、韩国歌星的头发，绝大部分是染的黄

色,偶尔有几个不黄的,也是或蓝、或绿、或紫,没看到一个是弄成黑人那样的。看来,索拉到哪儿都是"另类"——换句话说,叫"有病"。那么,没病的、正常的中国人怎么看黑人和黑人文化呢?我在一篇书评《礼赞黑色》的最后有这样一段话:当然,这本书和自然界的大部分事物一样,也绝不是完美无缺的。比如,在这本书"前言"刚开始的时候,便有一句值得斟酌的话。作者说:"中国人从来不是一个搞种族歧视的民族。"我很愿意同意这句话,但遗憾的是,我却不得不为完全同意这句话而踯躅。秦人尚黑的历史太遥远了,在现实生活中,某些国人对"黑人"的轻蔑其实常常不知不觉地隐藏在对"白人"的艳羡里。起码我就不止一次听过北京的出租车司机用极像种族

感到这里边也有和中国民间音乐共性的东西。有了蓝调的感觉之后,我才开始懂得了黑人文化和黑人音乐是怎么回事。你得差不多变成一半黑人才成。(笑)有了这种感觉之后,才能慢慢往爵士音乐上靠。

学生→我想,您说的这种感觉不是所有人想去做,想去摹仿就能感觉到的。有的东西,当你跟它结合的时候,突然你就能领悟到一些东西。但有些人不行。

刘索拉→你得给你自己时间,世上没有做不到的事儿。刚一开始我也做不到。这是因为咱们的文化背景和他们太不一样了。虽然在民族音乐的内涵里面有一些共同之处,但是这种内涵埋得太深了。在表面上,我们受到的文化束缚相当大,跟他们不一样。他们的表达方式是身体性的,他们是好动的民族。我们则不同,我们是讲礼仪,较含蓄的民族。这是在表面上的。在深层里,我们与他们是有共性

的。比如说，1949年以前的老艺人，他们的竞争方式，他们的生活经历，与黑人音乐家有类似之处。对于黑人，得和他们慢慢地磨合。另外还有生活经历，你要想办法把你的生活经历和你的音乐融合在一起，这不是一种纯理智的东西，要是作特别理智的东西，有时候你会觉得是一种束缚。你必须得给自己时间。谁刚开始都做不到，你会觉得东西特别好。但是做不到。

学生→ 有些东西是学不来的。比如个人的风格等。我的意思是，学习音乐，玩这种感觉，还有流派什么的，这都是他们个性的流露。你要去学个性的话，那只能是在摹仿。

刘索拉→ 其实你用不着去摹仿。你应该有你自己的东西。要是你弄明白了他们的来龙去脉，也弄清了你自己是怎么回事，那你自己的东西就出来了。我们每个人在生活中都是自己思想的主宰，都有自己的个性，爵士乐就是要表现这种个性。关键在于如

主义者的口吻谈到黑人留学生的"穷"、"脏"、"臭"。其实，我们自己已经"富"了吗？我们自己在某些种族主义者的眼里，不是至今还又"脏"又"臭"、脑后拖着辫子吗？在中国的当代汉语表述中，"外国"（比如"外国的月亮比中国的圆"）一词在百分之九十以上的时候是不包括非洲的。一个存在着这样一种语言文化的民族，还不能理直气壮地说出作者在上文中说的那句话，我们还当警惕，还当努力。而这本书，应该说是为了达到这个超越了音乐范畴的伟大理想——反对种族偏见，为在全人类实现平等所做的一件非常有意义的工作。

何挖掘自己。

学生➡在国外，您听什么样的音乐最多？

刘索拉➡其实我现在特少听音乐。有时赶上特别好的音乐会，我会鼓起勇气去听一下。(笑)主要是工作太多，太累了。

学生➡听音乐会也要鼓起勇气来呀？

刘索拉➡是得鼓起勇气来。因为我很怕听了几分钟，发觉不喜欢，再退出来就不好了。哪怕是别人送的票，我也得鼓足勇气，穿过好几条大马路，走到剧场,听了两分钟又想回家了,有多麻烦。(全场笑)

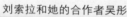

刘索拉和她的合作者吴彤

学生➡您指的是什么样的音乐会？

刘索拉→包括所有的音乐会。只要是出声的音乐会都算上。因为音乐并不在于它是否有名气。而是在于你要不要听。

学生→您刚才说，爵士音乐就是脑子里想到哪儿就走到哪儿，特别随便。不像正统音乐，都是作曲家早已规划好了的。我在想，这两种音乐是不是肯定会不一样呢？

刘索拉和郭文景／鲍昆／摄

刘索拉→ 我刚才说了，这是两个系统。就看你要做什么样的东西了。如果你想在爵士音乐中做一些有控制的东西，是完全可以的。这取决于你找什么样的音乐家。如果你找的是一位同时可以识谱和即兴的音乐家，比如像吴蛮这样的，你的音乐就可以随心所欲。其实，也不见得一定是民乐，像钢琴、提琴都可以。好的音乐家到处都是，我敢说，国内就有不少，只是没有人去启发他们。如果慢慢和他们磨合，他们一定会演奏出很好的东西了，我一点儿都不反对交响乐。我也喜欢给他们写东西，也愿意听这样的音乐会。只不过纽约的东西太多了，你要我整天听音乐会，那就什么事情也别干了。而且东西一多就容易滥，并不是所有的音乐都是好东西，所以我说我是得鼓足勇气去听的。

学生→ 是不是包装过的东西太多了？

刘索拉→ 也不见得是包装的东西多。主要还是东西太多了，各村都有各村的高招，谁有那么多的时间去听？

学生→ 随心所欲的音乐是否消失得比较快一些？

刘索拉→ 随心所欲的音乐，如果不谨慎的话，很快就没了。都不用消失，一出来就没了。

学生→（声音太小，听不清，故略）

刘索拉→爵士乐大师的东西为什么能留下来？为什么消失不了？就是因为他们不是那么不谨慎地做出来的。这就是好的爵士乐能一代一代传下来的根本原因。他们每发一声都有他的道理。尽管他们有很多作品都没能写出谱子，但是却流传至今，影响了全世界。其实，最主要的不是他们的谱子，而是他们的声音。

学生→我觉得您特别了解国外的音乐，知道这么多关于这方面的东西。您是不是能多给我们介绍一些？

刘索拉→我原来写过一些介绍爵士音乐的小稿子。我还写了一本文集，大约最近就要上市了。全是我出国以后写的一些小作品，里边有一些关于爵士音乐的短篇文章，介绍了一些爵士音乐家，大概就介绍到迈克斯·戴维思就没有再往下写。以后我会慢慢写下去的。你们要想看，可以找得到的。我觉得国内介绍这方面的书挺多的。没有吗？应该有一些这类的书。

学生→请问您现在还在写小说吗？

刘索拉→还在写。

学生→六年前我就看过您的小说，感觉特别好。看多了别的小说，就觉得您的小说与众不同。虽然讲的也是同样的问题，但是您的语言、方式让人觉得新鲜。我还想问的是，您的音乐，这么多年受爵士的影响，有没有大的变化？您的小说风格会不会也受到这方面的影响？

刘索拉→我的小说改变得挺大的，跟以前不一样了。

学生→说起小说，老师们都说我们这一代人没有生活，可是我一直都搞不懂，究竟什么才叫生活？

刘索拉→对了，咱们干脆就说生活算了。你们现说说你们的生活吧。

学生→您先说说当年您那一级吧。因为您和郭老师他们都是一级的，据说你们那是特别富有生活。（全场大

田批：
讲到"生活"，即使这篇记录稿上没有这么多（笑）、（全场大笑）之类的括弧，我也能看见索拉和全场听众忽然都像打了一针似的振奋了起来。其实，在所有公开发表的"访谈"、"讲话"中，不管被采访的对象或发言者是什么职业、是何方神圣，谈这部分的内容，也一定

笑）到底你们是怎么生活的？

刘索拉→（笑）你们这里面有多少人是交了朋友的？都有吗？

学生→我想请问您，您是怎么对待爱情的？因为我们都是女生，而且都是作曲系的女生，所以有些问题是特别有实际意义的。您是怎么看待这方面的？而且您能保留住自己的锐气，我最佩服您这一点。

刘索拉→不管男生还是女生，你们谁都能给我讲讲你们的苦恼。（全场笑）我跟你们说，我特擅长开导别人，我可以开一个心里咨询部。（全场大笑）

女生→那我私下和您说吧。（笑）

郭文景→先谈谈你自己吧。（全场笑并鼓掌）

都是"高潮"，也一定最受读者、听众的欢迎。即使读《论语》，读到"子见南子"，也要眼前一亮，哪怕你是儒家弟子；翻佛经，翻到"修双身"的次第，也要心跳加快，即使你已皈依佛门。不过，学生毕竟不是训练有素的记者，当索拉只想开"心理诊所"，标榜自己"特善于开导别人"而连自己的星座都弄不清楚或不愿说时，没能接着"审"出她的更多的"内心独白"来，也是个遗憾。最可恨的是一向"混不论"的索拉，居然在其后的谈话中玩儿了个"调包计"，把学生们急于请教的爱情问题与演奏时的"感觉"混为一谈，竟然说："我劝你们多去经历演奏时的感觉！"我当时若是在场，一定大喝一声："刘索拉你少玩儿这套！"

喜欢刘索拉。首先是因为那篇《你别无选择》。在当时能出现这机关报小说是中国文学的一个意外，这篇作品里激荡着一舌黑色的火焰，疼痛，混乱，疯狂，还隐隐地夹杂着一丝诗意，令我着迷。

除了作品的原因，刘索拉对写作的态度也另我喜欢，在《你别无选择》与《寻找歌王》以及《蓝天绿海》等有限的几篇作品之后，她毫无预兆地隐去了，转而弄起了音乐，尽管她真正写作的时间并不长，作品的数量也有限，但是却留下了《你别无选择》这样一篇上品。与她相比我觉得自己写得太多了，至今也没有写出一篇令自己真正满意的作品，甚至有时候都有点惭愧，自己居然还是一个男性作家。

——赵刚《中国新闻周刊》／ 2000 年

刘索拉→ 这太抽象了。我的经历挺多的，你让我讲。我就得从头讲起，把我的私生活全给抖出来，那所有跟我有关系的人都得气死了。所以我只能对你们提的问题来具体情况具体分析。你们也不要直说，可以这样说"比如有这样一种情况……你看怎么办？"

学生→ 我看您是一个既有事业，又漂亮，特别有魅力的女性，（全场笑）我想问的是，怎样才能成一个真正有魅力的女性？（全场大笑）

刘索拉→ 我觉得你们所有在座的女生都特别有魅力。（笑）你得想办法把你有魅力的东西给表现出来。首先要找出走路的感觉，要挺胸。虽然我自己也不怎么挺胸，但我要求你们挺起胸来。其次是你要每时每刻地感觉到你自己，但是别把男生给吓跑了。

学生→ 您是什么血型？

刘索拉→我不知道，我真的不知道。

学生→那您是什么星座的？

刘索拉→是什么星座的？我好像是金牛座的。我说的不是我的经验，我说的这些跟我的经历都没关系。那天我跟他们讲过，比如在黑人音乐里面，最多的东西是表现性的。刚接触时，我也找不到感觉，不大明白，后来我明白了，你不能害怕他们的这种表现。比如我们乐队的人，现在我和他们在一起，就特放松，遇到高兴的时候，大家可以抱在一起什么的。这其实是一种集体语言，一种友谊的表示，并没有什么黄色的东西。（全场笑）这是一种情不自禁的表示，这种表示，对中国人来说，一开始是难以接受的，就觉得怎么会这样呢？这就是我们和他们的距离。当你有这种距离的时候，你的音乐就拘在那儿了。这就是关键。其实，人和人的接触，应该是很放松的，

与我丈夫阿克巴·阿巴斯

所以我认为，你们无论是男生还是女生，都不应该隐瞒自己的感情，更不必为此感到难为情。因为感情是一种美好的东西。至于音乐家之间，在作音乐中会产生一种关系，我指的当然不是性关系，这点非常重要。比如作音乐的时候，在录音棚里或者在台上，我们和音乐家在演奏中对视的时候，就是一种真正的交流。就是在那一瞬间，你会和对方同时产生一种感觉，这种感觉有些类似于爱情，但在演奏完之后，不会再发生什么。这就是音乐的魅力，它可以使你产生发电的感觉，你要永远是在动脑子想音乐的话，越想你就会觉得越没有魅力，如果你是在演奏，你就会把自己融于其中，你就会想到你自己。我们的杜老师就是非常好的演奏家，而且杜老师是一个性情中人，（全场笑）他的音乐里含有他的性情，是一起走的。其实杜老师特别有爵士音乐家的本质。（全场大笑）

学生→您听说过×××（录音不清）吗？他已经去世了。他写的小说我看过，他把性什么的，看得像孩子一样，特别童贞。我想您刚才谈到的音乐家是不是也应该是这样的？

刘索拉→我听说过。你不要把它想得太复杂了，尤其是不要产生什么暧昧的联系。（笑）其实并不是那么回事。因为性爱不仅仅是性，性爱可以体现在任何方面，这是一种人与人之间的感觉和感情，而且这种感觉并不需要肉体的接触，就像你们谈恋爱的时候一样。（全场笑）人与人之间的接触是各个方

面的，说到音乐上，一个人在同另一个人进行音乐合奏时，如果合得好，哪怕他们互相认识，在这一瞬间就会有一种感情的交往。而且是一种很高级的感情交往。所以我劝你们多去经历演奏时的感觉。

学生→请您谈一下在国外的中国音乐家的情况。有没有走您这条路的？

刘索拉→走我这条路的不多，甚至可以说没有。美籍华人中倒有一些，都是在当地出生的中国人。他们中间有一些爵士音乐家。从国内去的音乐家、作曲家们，基本上是在作正统音乐，他们作得都非常出色，像中央音乐学院出来的，上海音乐学院出来的，能力都特强。但是我对他们了解得不是特别多，因为我接触的主要是美国黑人。

学生→我想请问一下，您走上这条路，是在出国以前就策划好的呢？还是出国后经历了一些事情以后才决定走这条路的？

刘索拉→对我来说，这是挺自然的。我在音乐学院的时候就喜欢听摇滚乐，我一直就喜欢摇滚乐。到美国以后，听到了蓝调，我就喜欢上了黑人音乐，后来就随着这种感觉走下来了。

在武麦得（Womad）音乐节上作音乐讲座／1991／摄影／音乐节摄影家

学生→你觉得你特别适应吗?

刘索拉→反正对我的性格很适应，但不见得适应所有的人。其实作音乐就是体现自己性格的东西。你不要去管别人，先得把自己弄清楚了。比如说郭文景、张小夫他们的东西里，就有很强的他们的个人风格。对于作曲家来说，没有现成的例子。

学生→我想问一下关于您创作方面的经历。我看过您的一些文章，比如您刚才讲的鸽子的故事，给我的印象是，您在就学期间一直找不到灵感，但是我想，无论您是在上大学时也好，现在也好，文学始终是您的一种爱好呢，还是实践您的一些思想的手段呢?

刘索拉→这些东西是并存的，首先当然是得爱好，得喜欢，然后你才会用那种东西来表达你自己。比如说我喜欢文学，当我写不出音乐急了的时候，我就会弄一篇文章来代替，这是一种很自然的过程。如果我不喜欢文学，而喜欢摄影，我就会拿一些照片来给杜老师看，问他这照片的音乐该怎么写。(笑，全场笑)除了作音乐，我想我们都会有别的爱好，这些爱好其实都会对音乐有帮助的。文学对我来说就是这样的，而且越来越想写得更好些。我从来没有什么计划策划，我干的什么事都没有设计过。

学生→包括出国吗？

刘索拉→出国也是这样，就是想出去看一看。

学生→为什么您首先想去英国呢？

刘索拉→(笑)这是我的私生活问题。(全场笑)

学生→您一直都挺顺利的，做了很多事都是您喜欢的事，这太难得了，几乎每个人都要做许多自己不想做的事。

刘索拉→我也做了许多我不想做的事。

学生→可是你还是你自己。并没

田批：
　索拉说的绝对是实话，在现实社会中生活的任何人，即使是像索拉这样天马行空的人，也要不断调整自己，以适应社

这张照片曾一度成了我的"形象照"。很多男人到现在都喜欢我的那副样子。但多年以后，我再看这张照片，一点儿也不喜欢这个形象。这是一种很糊涂的样子，不知道自己在哪儿，不知道自己要干什么，一副多愁善感充满幻想的天真面孔。男人们见了都觉得这种女孩儿可以被启发塑造成他们想像的任何一种形象，于是生出联想。忧郁与无知往往使一个女人很有表面的魅力，但她的愚蠢只有她自己最明白。对于我来说，摆脱这个形象实在不易，脑子里开一扇窗，你才能亮堂一小点儿，有多少窗得慢慢地打开，我们才能不属于我们的外壳儿。

有由于外界的干扰使自己改变，可是很多人都不得已的……

刘索拉→我告诉你们，你们就应该演奏去，甭管演奏的是什么，反正要抓起一个东西来。我真的是没辙，就是弹不成钢琴，我的手指头，一到钢琴上就发抖。真的，丽达他们都知道。那时我根本唱不出来，可是我得去体会音乐，没辙了，只好通过嗓子来表达。想办法把嗓子练得能多表达一些东西。但是你要能演奏乐器，那当然就更好了，不行的话，你就得用嗓子。再不行，就用手，用脚。你要感觉你的身体和音乐是连着的，别让它们分开了。否则的话，气就没了，我觉得这点很重要。

学生→你给我们讲讲你的同学吧。（全场笑）

刘索拉→（笑）说他们的闲话？

学生→说说郭老师。（笑）你的书里

会。似乎可以这样说，一个人的一生，其实就是不断向社会挑战并不断与社会妥协的一生。只不过有的人挑战多于妥协，有的人妥协多于挑战。问题是，艺术家既不能不要个性，又不能不要生存。失去了个性的艺术家其实已失去了作为艺术家存在的价值，但作为个体生命，艺术家又不可能不首先谋求"活下去"。历史上所有的艺术家，无不在维护个性与维持生存的钢丝绳上举步维艰。当然，由于艺术家的秉性、命运、生活能力不同，因此，有的人在当世生活得很好甚至名利双收，但"尔曹身与名俱裂"，生前显赫，死后寂寞。另一种人刚好相反，由于永远是挑战大于妥协，所以很难见容于社会，结果生时潦倒不堪，死后名声鹊起。只有极少

数的艺术家，或由于命运垂青，或由于手段高超，竟然能在"赢得生前身后名"的同时尽享荣华。我觉得，索拉虽然不属于后者，但她的命运也委实不错。当她个性喷张之时，正赶上"改革开放"后思想解放的最好时候。当她想向外发展时，也已经打开了封闭几十年的国门。假如索拉早出生十年，依她的性子，恐怕早该"歇菜"了。就冲她的成名作《你别无选择》说吧，不像她妈妈写《刘志丹》那样挨上十多年的批判，起码也得遭遇"封杀"，哪还能让她赢得"现代中国小说之×"之名呢？索拉上音乐学院之前，曾在蓝靛厂某学校教过几天书。据说，当年索拉骑车从此经过时，总会有一帮半大小子冲着她的背影高唱一首应该收进《中国民歌集成·北京卷》的《蓝靛厂之

写得挺有意思，都可以对号入座吗？

刘索拉 → 不能。不能绝对的对号入坐。因为都是改头换面过了的。真的，我写完那本书以后，好长时间我不敢回学校。（全场笑）

学生 → 我特别想问一下，咱们是搞音乐的，而音乐很难用好坏来评价。一个曲子到底是好是坏，每个人的观点不一样，我想知道你是如何来评价音乐的？是不是以个体作为第一位？

刘索拉 → 我认为音乐是和许多领域，如建筑、文学、美术等等相关联的。而这些艺术在今天的意识形态中，已经发展得很快了。我觉得我们学作曲的人，应该多了解这些人文的东西，这是相当重要的。要是这些人文的东西跟不上的话，尽管你有很好的技术，但是你会选择非常陈旧的语言来表达你的感觉。即使说出来，你的音乐语言也一定会力不从心，造成一种遗憾。

我不是要你们去赶时髦，这和文学语言相似，比如你读一部文学作品时，你会有一种鉴赏力，你能感到这个作家的语言写得是不是好？他使用的是哪一种文字形式？是古文？还是现代文？他是不是在说废话？他是不是在撒酸情？音乐也是如此。尽管音乐比较抽象，但它也有这些东西在里面。比如说酸的句子，本来主题选得特别好，传统的器乐曲，感觉真好听，突然来了个大琶音，就把这种感觉全毁了。使人感到很遗憾。因此，作为一个作曲家，不仅仅需要音乐，而且还要有许多别的东西，这些东西可以帮你把握准对音乐的感觉。

学生→你觉得在你的音乐中最精彩的是什么？

刘索拉→我的音乐中最精彩的呀，(笑)那得你们说了。(全场笑)我真的不知道，我没有办法说。

歌（暂定名）》。这首歌的歌词只有两句："刘索拉，刘索拉，去年十九，今年十八。"现在看来，这首歌不光是夸她模样俊，也不仅仅是那帮半大小子们成长过程中必要的生理宣泄，它更像一句谶语，预示了索拉冥冥中早已注定的生命历程。她和旁人不一样，她的命好。

田批:

直到她说自己最擅长的就是用她的嗓子，我才明白她为什么总在强调音乐的"生理性"。据说，现在有那么几个漂亮或不漂亮但都被媒体统称为"美女作家"的女性提出了一个"用身体写作"的口号，估计也是要强调文学的生理性。这样一来，我就不明白了。因为，依我看，音乐与文学最大的区别就是无论音乐的演奏还是演唱，从头到尾都离不开"身体"——手指或声带，所以索拉说它是"生理"的。而文学照理说是从头脑到头脑，是"心理"的。过去，搞文学的常瞧不起搞体育和搞音乐的，在学校都叫"小四门"，就是嫌俺们没思想，光有"身体"——"四肢发达，头脑简单"啦，"嗓子好，模样好，就是有点没头脑"啦。总

学生→在这方面你最擅长的是什么?

刘索拉→我最擅长的就是用我的嗓子。(笑)当然我也写谱子，但是我总觉得我的嗓子唱出来的东西比我写出来的有魅力。再有就是得看我开的是什么音乐会，如果我要和很好的音乐家一起合作，我的音乐的魅力就是把音乐家的特点突出出来。比如像你们听到的这台音乐会，我觉得那三个人都特别重要，所以说，那次的成功是属于四个人的，而不仅仅是我一个人的。

学生→请您谈谈您的音乐的特点，比如结构什么的。

刘索拉→我如果为传统音乐家写音乐，我的作品会非常理智。但是在这种理智下，我会听到一种声音，这种声音来自我平时在脑子中的思维。

就是我刚才说的爵士音乐家的那种思维。

学生→ 您的每个作品都会有这样的情况吗？

刘索拉→ 我的每个作品都会有这样的思维方式。音乐非常重要，刚一开始，我想找到的就是音色，先从我的声音里找，然后再找乐器中的。音色非常重要，然后就是音乐气质，再有就是音乐结构，都十分重要。我写音乐时，把结构……

学生→（插话）是不是放在第三位？

刘索拉→ 不是第三位。其实这三个方面都非常重要，但是对我来说，寻找的过程特别难。我走的路特别长，在找到我现在的这些音乐之前，我走了许多的弯路。首先，我找不着我的声音，过了很长时间，费了很大的劲儿，

之，中国人从来就是把"心"与"身"分开的，而且，无论叫"头"还是叫"首"，都是"第一位"的意思。谁想到，"三十年河东，三十年河西"，人家"美女作家"们今儿个却吵着要"用身体写作"了！

写到这儿，我忽然觉得自己是个不折不扣的大傻帽儿，"身体"两字大了去了：一心、二目、四肢、五官、七窍、前胸、后臀……都叫"身体"，你知道人家用的是那块儿？

好，赶快打住，别再露怯！

体验了非常多的东西后，才找到了一种我想要的声音。声音和气质分不开，有了这种气质，你才能找到这种声音，我终于找到了。并且使我的音乐家们也做到了，我写出来后，他们也做到了。接下来就是结构，对我来说，就是我怎样才能找到一种适应于表达我声音的结构，现在我也找到了。我就是这样一步一步走过来的。有了这个基础，事情就变得容易一些了。

学生→(声音太小，听不清，故略)

刘索拉→我没有那么想，我的每个曲子都是独立的。

学生→同一个乐器的音色开头与结尾是不同的，这种变化是事先安排的吧？

刘索拉→对。是我事先安排的，由于结构的变化，音色的变化，如果我设计一个结构，设计好了以后，我就

刘索拉的专集《六月雪》

会考虑音色的变化。

学生→即兴也在这个结构里面吗?

刘索拉→对。有很多时候我是事先设计好的,然后再去写,否则的话,我担心即兴到最后会很没劲。

学生→我想问您的是,在您演出或作音乐的时候,脑子里是否想到过与音乐无关的事情? 我有一个朋友,是搞建筑设计的,他也很喜欢音乐,我就给他弄了两张音乐会的票,看后他对我说:"太棒了! "当时我感到很奇怪,因为这场音乐会特别现代,有许多人都听不懂,可他却说:"我听着够灰色的。"看来,他把音乐理解成颜色了。

刘索拉→所以我说学作曲的应该接触到各种各样的艺术,否则的话,写出的东西总觉得不够分量。

学生→那您在演出或听音乐的时候,有没有比如说气味呀,颜色呀这样的感觉?

刘索拉→对,有。我会想到的。当我写曲子的时候,经常会有这类的感觉。

学生→那您演爵士乐的时候想到了什么？

刘索拉→想到的声音和景色特别多，在这次音乐会上，我的那个《爸爸椅》不知你们有印象没有？我先看到的是结构，我先看到了一把椅子的结构，就写了那个音乐。我先是坐在那里看，然后就听见声音从那里发出来。所以我建议你们在作曲时，先去看一看建筑物什么的，各种东西对你们都会有用，甚至包括时装，都会对创作有帮助。接触不同的艺术家也非常有益，我指的不是搞音乐的艺术家。

学生→你有没有想过，哪一天放弃其他东西，专门写音乐？

刘索拉→这我当然愿意了。我愿意专门为中国民族乐曲写音乐，我想做这件事，也愿意为不同的乐器写作，但是不存在什么放弃不放弃。只要我喜欢的事情，有机会我就会去做。我觉得音乐的本身就是生活，而不仅仅是职业。你不要把它看做是纯粹的职业。如果你把它看成是纯粹的职业，就会感到苦特别多，甜特别少。(全场笑)你要先把它看成生活，那样你就能认了。跟我长期合作的那个爵士乐钢琴家，是个老太太，她曾经问过我："你有没有在黑社会演奏的经历？"我说："没有。"她说："那你太幸运了。我们所有的黑人音乐家都经历过。比如

在酒吧啦、夜总会啦这些地方，被人欺负，被人骗，有的还吸上了毒。"这就是为什么他们的音乐是那样子的。你们再想想咱们国家以前的老艺人，他们的那些悲惨的经历也体现在他们的音乐中。

学生→美国人是怎么评价您的这些作品的？

刘索拉→评价特别多，各种评价都有。但是我觉得这些评价并不重要，因为哪怕他们是在说你好，都会是很肤浅的。这是外国人的看法。我其实挺在乎中国人是怎样看的。(笑)

学生→如果他们喜欢你的音乐，可能是因为异国文化的原因。

刘索拉→对，有时侯很可能是这样的。所以我不是特别在乎。反正我是作音乐的，我这样作就行了。

学生→您作音乐是为了自己作，还是为了工作？还是两者都有？

刘索拉→两者都有。

1988 年在南朝鲜的奥林匹克音乐节上演出。身后是双管乐队，身边是美国流行歌星们。我在中国时很喜欢这种音乐场面，管弦乐队的气派与亮晶晶的演出大厅。但在英国和Punk乐队云山雾罩地弄了一阵音乐后，就觉得管弦乐队那种正统的方式显得特别的不"酷"。再加上身边的歌星们争相作态，我当时觉得沮丧无聊，懊悔走错了地方。从那以后，我就爱上了地下音乐。现在再看这张照片，再想想那时的敏感沮丧是否出于幼稚？是不是在寻找的人总是太敏感？是不是更宽容后就不会轻易沮丧？但是在寻找的漫长过程中怎么可能一下就宽容起来？寻找终归是有必要的，但怎么解释命中注定这件事呢？到现在我也说不出个准确的道理来。

学生→如果您作的东西不被观众认可，您怎么办？

刘索拉→咱们的学院派特别容易把自己和观众划开，咱们愿意把自己作的比较高，就是强调思想、内涵，总认为别人不懂自己的思想。可能是我长期与不同的音乐家合作的缘故，有时候我更愿意把自己看做是一个民间艺人。民间艺人就不想那些，不强调自己和观众的距离。

学生→(嘟囔了几句，听不清楚)

　　刘索拉→民间艺人是什么人？你让我翻跟头，我就给你翻，我只要把跟头翻好就行了。有时候我觉得，你不要把艺术想得那么高，把一切想得稍微平庸一些，把事情做得实在一些。比如杂技团来了，有人喜欢看，有人不喜欢看，你想那么多干嘛？做就行

　　1986年在天津音协举办的我的第一次个人音乐会上。对现在的年轻人来说，一个年轻人走上台去唱些心里想的事是很简单的事。但在当时，谁要是不穿演出服，不用美声，不模仿外国和港台流行音乐，就走上台去唱什么诗人们写的《生命就像一座房屋》之类的胡说八道，完全是离经叛道的神经病。多亏我老有贵人相助，能把这种傻事坚持下去。　　　　　摄影／鲍昆

田批：

这句话挺精彩！作曲家与听众"反正两边只要一边享受了，就算没白作"。可仔细想想，这"两边"到底是谁呢？索拉喜欢把作曲家和手艺人相提并论，这我同意，都是凭手艺吃饭，没有尊卑贵贱。但真正的艺术创作与商业性的艺术品生产和"艺术性"的商业行为还是不同。一个厨子烧菜让客人吃，能说"两边只要一边享受了"就行吗？恐怕职业厨子还不能把自己的"享受"放到与客人的"享受"一样的地位。同理，现在各行各业都可以也应该强调"顾客就是上帝"，连政治家干得好坏都该交大众评判。但作曲家、艺术家的创作却不能简单地提出同样的口号。为什么呢？其中的道理一句半句说不完，简单说，主要的原因恐怕还不是因为

了。(笑)

学生→比如一个作曲家，他写的东西自己觉得非常棒，可是观众压根儿就不明白，这种情况怎么处理？

刘索拉→我觉得那也没有关系。只要作曲家觉得享受了，也行。反正两边只要一边享受了，就算没白作。(全场笑)

学生→可是我觉得一个作曲家的最高目标，应该是达到两边都满意的结果。就像您前面说过的"性爱"那样，两者都要达到疯狂的地步。如果我很委屈地为观众做了一些什么，观众可能听着挺过瘾，可是我呢？

刘索拉→这个问题，我觉得首先要看艺术家本身。要看你自己对什么东西发电。有的艺术家就对他自己的想法发电。比如我上台就出这个声儿，你们下边爱听不听，反正我舒服了，我

发电了，我的感觉到了。音乐有各种各样的存在方式,这也是其中的一种。音乐本身是表现生命力的手段，它有各种的手段，有的手段是不需要别人去理解的。他的目的达到了，就行了。我觉得这也没什么错。有的手段希望别人能理解，只有那样他才能舒服。我认为没有一种手段是绝对正确的，没有一种绝对的准则。你要想给音乐家订准则，音乐家就要受限制。无论是流行的，还是严肃的，各种艺术家都在试图表现生命力。应该同时存在。

学生→ 那我们是否可以这样认为: 我是一个音乐家，我写的音乐我能满足，也能让观众满足，没有什么过多的限制，完全取决于个人?

刘索拉→ 对。完全取决于个人，没有限制。

学生→ 请问您唱歌的时候，把您的感觉抒发出来，这种感觉是不是最

艺术创作的复杂性、特殊性，而是因为"顾客"的复杂性、特殊性。请问，谁是"顾客"呢? 谁能代表"顾客"的口味呢? 不错，艺术是要为人民服务，许多艺术品也是作为商品生产的。但是，今天的"人民"与明天的"人民"口味肯定一样吗? 而商业化的艺术毕竟不能代表艺术的本质和灵魂。历史早就充分证明了艺术家的自由是保证艺术创造的前提，而艺术家的创造性才能有超前的品位，也常常远在"顾客"之上。当米开朗琪罗与他最尊贵的"顾客"教皇因为西斯廷教堂穹顶画上的人物意见相左时，你说该听谁的? 当"顾客"们1913年在巴黎第一次听斯特拉文斯基的《春之祭》时把椅子都抛起来以示其对作曲家的愤怒时，你该怎么看待作曲家与"顾客"之间的关系?

艺术面对的是人类，是历史中的、绵延千百万年的整个人类，它的最终"顾客"是时间与空间。

谁都不能代替艺术家创造，谁都不能告诉艺术家该怎么做，除非艺术家自己。在艺术创作中，艺术的本质规律就是自己的上帝！人们真该庆幸，在现代社会，越来越多的人起码在理论上明白了这点。

快乐？

刘索拉→ 其实在你坐下来构思的时候，你的快感就已经出来了。对。就是从那个时候开始的。事情要主动去做。无论你是在台上，或是不在台上都无所谓，既然你选择了音乐这一行，那就得一沾音符就有快感。不要想得太多，涉及得太多，你就会特别辛苦，而且还老有怒气，因为世界上没有那

刘索拉的画作／1991 年

么多公平的事儿。等你们毕业了，你们就能更深刻地感到不公平的事儿太多了。比如为什么这个人受重视，那个人不受重视啦；为什么这个人开了音乐会，那个人没开成音乐会啦；为什么这个人得到宣传，那个人却默默无闻啦；等等。这些不公平的事情特别多。而且一个人的成功与否，绝对

我和佛南多(Fernando Saunders)、佛让 (Pheeroan aKlaff) 在北京爵士音乐节上演出／1999／摄影／郭盖

不是对水平和能力的正确衡量标准,更不能以此来衡量一个音乐家是否够好。再有就是,是否受到大众的喜欢,也不是衡量标准。有的音乐家狗屁不通,可是包装得好,大众照样喜欢。咱们大家都知道,肯尼·纪(Kenny·G)是当今最有名的爵士音乐家,可是你问爵士音乐家们,谁承认他是爵士音乐家? 没人承认。因为他是一个包装出来的爵士音乐家。这种事儿咱们都不能仔细去想,否则就没完了。你就去想你要不要作音乐,要作,你就去尽情地享受每一个音符就行了。

学生→所以我们在听你的音乐的时候,有一种激动的感觉。当时根本没有去想你这是用的什么结构等等,我觉得只有那一点共鸣就足够了。

刘索拉→对了。如果听你自己的也这么想,那就行了。(笑)

学生→您的作品要演很多次,每次都是一样的吗?

刘索拉→每次都不一样。只要我参加演出,每次都不一样。

学生→但是结构还是一样的吧?

刘索拉→结构是一样的,但是里面的东西就不一样了。有

时一即兴，也许把结构也给改变了。台上的音乐家一兴奋起来，谁也不知道他要干什么。(全场笑)

学生→你对你过去作过的东西都喜欢吗？

刘索拉→一过去我就不喜欢了。

学生→一过去就不喜欢了？(笑)

刘索拉→就像咱们现在说话，说过去了就过去了。

学生→美国的不同地区，比如说东部或西部，音乐的特征是什么？

刘索拉→在美国，只有纽约是一个世界性的地区(城市)。其他地区的地方性都特别强。比如说美国的乡村音乐啦，蓝调音乐啦，等等。总之，每个地区都有每个地区的特点。

学生→有些地方的特定音乐就是爵士乐吧？

刘索拉→如果是黑人地区，是爵士乐发源地的话，相对来说，爵士乐比较流行。

　　1999年在北京爵士音乐节上演出后，我的侄女菲菲跑上台给我献了一束花，把我们全家都吓了一跳，因为这小女孩儿平时特安静，不多说一句话，对什么事情都好像先往后撤一步再反应，家里人老是担心她胆小，将来不能面对社会。那天谁都想不到她自己先跑到街上买了花儿来，又在音乐会后一步跳上台去，惊得我嫂子在台下直"哎呦"。小姑娘自己掏钱买的花儿肯定不能和那种常见的大花篮儿之类相比，但这张照片这件事让我感动。人生的真实就常显示在孩子的真情里。摄影／郭盖

学生→那您大部分时间在什么地方？是在纽约吗？

刘索拉→我大部分时间都在纽约。哦，你们下边还有课吗？我觉得时间差不多了。今天杜老师还特地赶来了，在这里，我再次向杜老师表示感谢，感谢他对我五年多的栽培。我提议咱们全体起立，再次向杜老师致以深切的敬意(全体起立，鼓掌)

杜老师→感谢索拉今天到这里来和大家交流，希望今后有更多这样的机会，到时候大家再多提一些问题。

刘索拉→谢谢大家。谢谢。

（录音整理：刘尚淳）

首先我得强调，学院训练对我来说特别重要，否则我根本应付不了。爵士乐其实是特别知识化、特别纯粹的音乐，不是那种简单的流行音乐。如果我不是有那些学院的底子，那在面对这种根本就是从别人的土地上生长发展出来的音乐时就会懵了。比如爵士乐中那么多的转调、和声外音等等，当我同其他乐手包括一些大师合作时，就是学院底子救了我，让我可以飞快地适应、跟上，其实在骨子里同他们还是有距离，但在形式上，可以很快地理解和进入。

I have Chosen

我已经选择

刘索拉

lady

◎访谈录〖郝舫·原载于《今日先锋》〗

我已经选择

I have Decided
我
已
经
选
择

刘索拉访谈录◎郝舫／文

郝 舫→《你别无选择》从时间上看已经是15年前的作品，但时至今日，对都市青年的无助、失落或盲无目的感的描述，对貌似冷漠而心有所求的年轻人的描述似乎仍然未被"新生代"、"70年代人"所超越。这是文学发展史的悲剧，你如何评价这一现象？

▲1987年在香港大学的中国文学会上讲我的写作"经验"、音乐与文学的关系。我那时以为可以在音乐与文学结构上有什么巨大"贡献"，拼命向搞文学的人推销音乐结构，结果后来出国一看，音乐没有那么简单，文学也没有那么简单。要学要看要体验多少事，才能完成一点点儿艺术的论证。越看越不敢说话了。

田批:

这篇访谈录比较短，其"关键词"是:

真实 个性 动物性 另类 学院训练

其实，把这五个词儿串起来，就是刘索拉的基本轮廓了。当然，这个概括失之于简单，索拉自己也肯定不同意，说不定还会骂我:"你丫挺的拿这五个破词儿就想概括我，是不是少了点儿?"

在索拉那儿，常常是好坏词不分，人家认为好的词，比如说什么东西"特艺术"，在她的话语系统里，却常常意味着这个东西简直就是没法要了。当她真正欣赏一个人时，她会打心里发出一种赞美，说:"是，这小子是真够坏的!"而她最讨厌的艺术倾向，就是"酸"。对这个在刘索拉的美学词典里被赋予了许多概念和感情色

刘索拉→你是在恭维我吧? 我个人认为，那只是自己的一部青春期作品，一个特定年龄的体验。现在看起来有许多幼稚的地方。在当代文学中还有许多很棒的东西，比如王朔，我读过他早期的东西，很喜欢，虽然我们俩的东西描述的完全是两类人。

《你别无选择》中真正重要的东西是真实，是我真正体验过的一种生活方式，并不是非得要去模仿外国的某部作品。如果不是有真实的体验，而只是向往那些书上靠，就会没有说服力。

郝 舫→你提到外国书，我观察到一种现象，在我的小书店里，曾经影响过你和所有80年代人的杰克·凯鲁阿克、塞林格、加缪和约瑟夫·海勒，依然是新一代青年最喜欢的精神食粮。

刘索拉→我们那个时代是一个变动剧烈的时代，这些书产生和描述的也同样是那种变动剧烈的时代，这种时代总是有共通性的，比如其中的人

总是有很强烈的追求和欲望，也总是有你说的那种表面冷漠、内心有热情的人。

郝 舫→那在以后的生活中，还有没有类似的精神向导出现或给你刺激？

刘索拉→有，比如哲学家、批评家德鲁兹，你肯定知道他，他对我的音乐影响很大。

郝 舫→（暗喜，急指《今日先锋》第六期）：正好我写过一篇谈他与音乐家精神关联的文章。

刘索拉→当然我也是做完音乐之后偶然发现他的，从他那儿找到了理论根据。

郝 舫→我们可能还会谈到他。曾经听到你说，在听到布鲁斯之后发现了自己身上黑人的一面，我觉得也许

彩、常常使用、却最不容易被一般人理解的"专业用语"，咱们再说。

可以说是野性的一面，起码你想从学院正统的拘束中出逃，这个特点在《摇摇滚滚的道路》这类文字中特别明显。除了个性之外，还有什么东西让你这样？

80年代初在音乐学院我的毕业作品音乐会上。胡秉旭先生指挥的中国歌剧舞剧院乐队。到现在都记着毕业那一年的写作痛苦感，一边把音符堆上去，一边不明白为什么音符要那样堆出来，一边堆一边痛苦地哼哼。那时想人生意义多于想音乐技巧，学了那么多音符，却觉得完全摸不着它们。

刘索拉→就是个性。我的个性注定让我投入到这种音乐之中。布鲁斯就是一种悲剧性的东西，一种黑魔术、一种情感、一种原始的本能，我沉入其

中无法自拔。像我们说到的那些产生于60年代的文学作品，现在看依然是经典，但那些作家用同样风格在后来写的东西我就不是特别爱看。布鲁斯就不一样，它让我发现的是自己更本质的东西，更本能的东西，特别有力，而且可以进入血液。文学作品可以控

为治病作的画 / 1996 年

制你的一个阶段，布鲁斯可以控制你一辈子，它是魔术、本能和动物性的。

郝　舫→德鲁兹所谓的"becoming animal"？

刘索拉→对！你会从头到尾都是那种感觉。像我老说的那样，艺术就像性爱，而性爱就是一种追寻，一种带有生理特点的追寻。有的东西你一入迷，就会变成一种魔障，永远无法摆脱。

愿所有朋友都开心

郝　舫→听你说起悲剧或者一种宿命般的感觉，我突然想起你的逃逸或叛逆有没有血缘的一面？你没提过，但据我所知刘志丹是你伯父，你在中央音乐学院的毕业作品也是献给他的。不管我们对这位陕北红帅的历史了解多少，那些历史的印记会不会成为潜意识里的反叛或者逃逸的提示？

刘索拉→我在很长一段时间都是个非常悲观的人，可能是同我们家在一段时间里的起起伏伏有着某种关系。

80年代末在国内一次演出照片。 演出后有些学生跑过来抱着我哭了，因为那时候年轻人的生活太单调了。但更多的观众还是觉得这女人真是疯得不善，不可接近。 最后电视台也不准放播了。当时的理由是煽动性太强了，怎么可能呢？要是我现在看我那时的演出，也不会让电视台转播。除了无知和轻信式的热情，没什么可取之处。

郝　舫→你好像非常重视一个音乐家的人生体验，比如你提到过先到英国后到美国是很幸运的，而即使在英国，你也既学到了一种对文化的审慎态度，也从作为朋克歌手的经历中学会了注重反叛的细节。这类个人体验对你的音乐有什么决定性的影响？

刘索拉→影响太大了。我这一辈子都对那些别异、另类的东西有兴趣，那些持怀疑态度、有另类抱负的人对我的影响特别大，我很少从那些正统的东西那儿得到启发。

郝　舫→同感。那些东西引不起共鸣。无独有偶，往往是在一些另类艺术家的身上，文学和音乐的关系十分紧密，比如说没有爵士乐就没有垮掉派。而垮掉派，比如说凯鲁阿克对blow这种词的用法，就显然是想模仿爵士乐那种少有思考、更重情感的方式。但一个经过学院训练的作曲家，显然在技术上需要相当的理性成分。这种观念上的转变是不是一种痛苦的经历？

刘索拉→首先我得强调，学院训练对我来说特别重要，否则我根本应付不了。爵士乐其实是特别知识化、特别纯粹的音乐，不是那种简单的流行音乐，如果我不是有那些学院的底子，那在面对这种根本就是从别人的土地上生长发展出来的音

乐时就会懵了。比如爵士乐中那么多的转调、和声外音等等，当我同其他乐手包括一些大师合作时，就是学院底子救了我，让我可以飞快地适应、跟上，其实在骨子里同他们还是有距离，但在形式上，可以很快地理解和进入。

我的确是花了很长时间才完成一种转变。十几年来我心里一直有一堆问号，直到最近才算是开了窍。以爵士乐而言，它其实有很重要的意识形

为治病作的画／1996 年
原作为紫色调，作者认为紫色可
滋阴补肾、心平气和
主治：高攀不上低不就、眼高手低

态成分，如同摇滚乐并不像东方许多媒体认为的那样是时髦或娱乐圈，首先是一种反叛，爵士乐其实是一种知识分子化的意识形态。它开始的确是黑人的声音，但在后来逐渐通过许多大师对知识分子产生很深的影响，就像我们前面提到过的那些书一样。

但学院派的人毕竟还是有些疑惑，总觉得自己是艺术家，甚至要考虑自己在20世纪艺术史上会留下什么样的

在北京爵士音乐节上／1999／摄影／鲍昆

一笔。尽管谁也不知道这种艺术史会由谁来写，又会写成什么样，但大家还是在乎。我其实也不是没有过疑惑，作为一个学院训练过五年多的作曲家，我为什么要混到一个朋克乐队里去当歌手？为什么要混在十几个布鲁斯音乐家中喝酒，然后唱一些小调？是不

倍司演奏家佛南多(Fernando Saunders)在北京拜佛/1999/摄影/洪惠瑛

是在浪费生命、浪费所受过的教育？又比如也有同学问过我，作为作曲家，你的谱子还流不流传？本来对作曲家而言，这是十分重要的问题。但经过这十年的磨练，我终于可以不在乎了。它是否可以流传跟我没有关系，我就是在做音乐，享受每一个音符，享受这个过程就行了。我反正是把自己当成无数音乐家中的一个，享受创作的过程、消亡的过程、体验的过程，心安理得。如果做不到这一点，就会一边作音乐一边打问号。

郝　舫→Paul Berliner 写过一本Thinking Jazz，其中有一句话说，最好的乐手总是"所思之处立即说出，意图与现实之间的鸿沟全然消逝"。好像这就是即兴的魅力。你曾经跟 Ornette Coleman 学过音乐，而作为自由爵士的大师，他把即兴发挥到极致。同时即兴也成了超越于爵士之外的、现代音乐和先锋音乐的重要趋向之一，你为何认识它？

刘索拉→即兴就是大脑思维的立即反应，不容你经过过多的筛选，所以基本上无法隐藏、无法掩饰自己。你想要掩饰、隐藏，音乐就会不好，它是个赤裸裸的东西。

但现在即兴也有泛滥的趋势，不好的即兴也比比皆是，经常有些自由爵士是没法听的。其实即兴就像人的性格，即兴是人的瞬间的自我暴露。就像一群人中有人能成为朋友一样，有些即兴能让你叫好。

好的即兴其实是有一定的设计的，经验丰富的大师们是不自觉地在设计，另一种人则是有自己所专长的音色手法，只有这样才能避免滥造。

郝　舫→在你的《中国拼贴》中有一段话："从我的朋友陈丹青的多联画中我听到中国拼贴,从非洲音乐中我听到中国拼贴,从自由爵士、布鲁斯和摇滚中我听到中国拼贴……"但是什么直接促使你用拼贴这种手法创作音乐?

刘索拉→拼贴这种手法在艺术上已经十分古老,一开始也并没有特别想用,就是偶然到陈丹青的画室,看到他的十联画受到触动。拼贴其实也是十分见功夫的,拼不好的就是抄袭,拼好了就是你的创作。偷懒是会被听出来的,做得天衣无缝就是创造。《中国拼贴》是想追求一个原本的琵琶和人声效果、原本的民族音阶和原本的素材上出新的感觉。我在想,做了很长时间的布鲁斯、reggae,依然是有黑人的伴奏等等。如果真正掌握了它,那能不能把中国民族的东西,一点也不变地表现出这种气质来,想做一个实验。

郝　舫→在同一段话里你还把吴蛮的琵琶与吉米·亨缀克斯的吉他相并列,是指它们有一样的自由度——因为听你说过吴蛮总说"我老师知道我这样弹会杀了我",还是指中国的传统乐器也可以达到,比如说迷幻的效果?

刘索拉→两者都有。所有中国传统乐器的好的演奏家都可

为治病作的画／1996

原作为蓝色调，作者认为蓝色能舒缓精神

主 治: 思虑过度、面色枯萎、费脑伤神、口舌干燥、脾虚肝淤、虚火上升

以达到这两种效果。我特别强调这种感觉，我觉得如果借用外国手法，用纯布鲁斯或纯爵士做一个东西，还不算我得到了它的精髓，我就想用老祖宗的底，让人感到有一种同等的力量。

郝 舫→我见过一种说法，说是如今最激进的先锋恰恰是回到传统。这种说法显然有戏谑的色彩。当然你的

我在演出后回答观众问题／
摄影／鲍昆

观念和实践绝不是简单地回到传统，那从整体上而言，你如何描述自己对传统的改造？

刘索拉→ 我是在传统里找一种东西。我说过布鲁斯一类东西让我找到了血液里的东西，但我同时感到中国或任何一个地方同样的野性，因为这种东西被启发出来了，于是很本能地就返到了中国音乐里去。因为即使再深刻地感受布鲁斯或爵士，但文化背景和30年的中国经验依然是我的，我用自己的身体体验到了中国音乐中的野性。当然我也就不可能像以前那样单纯地回到传统，我现在能从中听出非常现代的东西，能一下子抓到它特别新的东西，特别性感、特别野性的东西，我想做的就是把它拿出来。就是为了自己的耳朵，觉得舒服。

郝 舫→ 其实除了《昭君出塞》和《中国拼贴》有分量特别重的中国传统之外，你的其他作品都有更为世界性的努力。用你在《缠》中的话来说，是"听到巫师、游吟诗人、狐狸精和佛一起对我喊叫"。那除了中国传统，还有什么性质的传统让你着迷、动心？

刘索拉→ 全世界音乐中所有野性的东西都让我着迷。比如一种朝鲜说书，类似于日本能戏，我一听就疯了。又比如日本的鬼太鼓、中东的手鼓、非洲的音乐等等。《中国拼贴》其实是受非洲音乐的启发。

郝　舫→在这次北京爵士节的现场，你曾经把《仙儿念珠》戏称为"跳大神"，在这首作品的录音室版本中有极其精彩的贝司拉扯挑拍，在《蓝调在东方》里的hip-hop和其他作品中也同样有一种西方乐手十分强调的groovy神采，一种身体的律动，这算不算你的西方之行中最大的收获？

刘索拉→对，这种身体的东西特别重要。就是有一种类似于气功一样的流转。不见得非得是黑人的节奏，朝

演出结束以后

鲜说书或阿拉伯手鼓都能感受到你说的那种 groovy 的存在。黑人把这种东西称为 swing, Ornette 也给我讲过这个东西,重要的区别就在于谁会swing,谁不会swing,这是这类音乐的一种特点。其实多做、多实践、多与高手合作就能体会到。因为swing 是长年积累一种生理习惯。多与会swing的人切磋就可以学会。

其实这种东西并不重要,它也是一种表面的东西。比如我即使把这次演出中的贝司和鼓手去掉,只剩我和吴蛮,那也会出现另一种东西,也许不是 groovy 或 swing ,但会出现另外一种节奏感。

郝 舫→《中国拼贴》中的第一声和吴蛮在台上的动作,确实有一种独特的"范儿"。

刘索拉→对! 其实各民族都有这么一种东西,只不过是黑人发明了这种词来说。其实爵士、自由爵士对人类的一大贡献就是让人在音乐上自由起来,它把这种自由扩张到全世界都可以做出有自己特点的东西。对我来说,希望做出来并让大家听到的是中国的特殊节奏,中国音乐中的swing,一种特别有生命力的东西。

郝 舫→如同文学上你曾经受过大师影响一样,在音乐上你更幸运,比如一首《仙儿念珠》,你不仅从对 John Coltrane 的聆听中学会了分化处理动机的方法,也让别人拿来作为德鲁

我在演出／摄影／郭盖

兹"根茎"理论的例证，当然，更是直接同 Coleman、Bill Laswell、John Zorn 这些当代大师合作过。在你看来，大师的魅力究竟何在？

　　刘索拉→就在那一声出来（大笑）。那一声出来你一辈子也忘不了。他们不是被人包装、也不是被人设计出来的，全是他们自己用一生的经历所发出来的声音。

　　郝　舫→除了他们之外，也有一些理论大师同样如此，解构者也同样在确立别样的"范儿"。你对中国传统作品的处理自然是有浓厚的解构意味，似乎这样才更适合你的本性。但随着阅历的增长，或者说结合你在英国学到的对文化的谨慎姿态，你会不会认为还是建构更为重要？

　　刘索拉→其实我更多的是靠本能。我一直在寻找，但是一边做一边在画问号，十几年来大部分时间我是满脸充满问号，所以朋友们看见我都觉得我特累。我也经常一边做一边不知道自己在干什么。也就是最近好像问号没了，可能是想开了。我没有理论指导，是一种生理的要求、驱使，引着自己非得一步一步往前走，体力、脑力消耗都特别大，曾经为找到自己的声音练得吐血、晕倒。但我自认为自己最得心应手的是嗓子，所以必须练它。
　　理论的东西往往是在我做完音乐之后发现，它猛地一下给

我在演唱／郭盖／摄

我解开了一个难题，明白"哦，原来我干的是这个"。理论还是有用，让你知道还可以接着走下一步，要没看到它可能只会走一半，然后老自问干嘛。你已经踏到了一块地，但你不知道踏的是哪块地，生理性地摸黑往前走，突然理论家会给你一盏灯，告诉你说："这儿有地儿"，然后你会发现，原来那是块特别大的地，然后接着往前走，而且胆气十足。

所以理论对我有特别大的帮助，但是我不会事先去做理论上的设计。我在创作的时候是在冥冥中听到一种声音，其实就是从前的音乐结构也救不了我的命，我想找的是一种新的结构，这种寻找特别苦，做完一张专辑后就会想往下再怎么做。

我特别喜欢看建筑图纸，可以从中听到声音。六七十年代的先锋作曲家们已经尝试过创作各种图式的音乐，但这些图式都无法表达我想要的那种声音。我没有走学院派的路子去听音乐会，而是追寻本能的声音，在《中国拼贴》中已经找到了它。但好像还没找到本能的结构，一种正好把我的声音装进去的结构。我就在街上走，突然听到声音，从那些结构里听到声音。《缠》就是我用自己的结构做出来的东西，那些小图就是我的图式和结构。我还用同样的结构写了在朱丽亚音乐学院的《形非形》。

郝 舫→说到先锋，时至今日，最古老的先锋概念，比如给群众趣味一记耳光之类，仍然有庞大的市场，凭直觉你是不太吃这一套的，但你也对理论毫无抵触，怎么把握这种心态？

刘索拉→说实话，连先锋这两个字我也不爱提，我不想把自己列入所谓的先锋，我倒不是特别反对脱离群众之类的，但许多人在谈到自己作品的先锋性时，其实都是六七十年代或者更早的先锋意识，真的是太陈旧了。现在艺术形式发展得那么多，五花八门，观众其实也没那么傻了，他们的要求非常高，别以为挂一根绳就会让他们觉得特别有哲学意味，这种绳已经挂得太多了。来看的人比你所知道的东西多得多，艺术要求也高得多，比如说是画家、学者、电影家或另类艺术家，他们对艺术的理解要先进得多。

所以，有时候艺术家自己觉得艺术家要高于理论是特别可笑的，有些艺术家称自己做什么都有权利，我就是领导潮流的，今天躺地上打滚你们就得看着，评论家有什么权利说我不能这样打滚等等。这叫扯淡，叫没文化。因为所有的艺术领域都已经很发达，已经唬不了人了，没有一个东西是能唬住所有人的，20世纪末就是如此，没有东西能代表所有人。不像从前几本书就能表达所有人的心声，现在电影、建筑、服装……尤其是美学和文化研究已经非常发达。所以我不想怎么当先锋的事，不然脑袋会更疼。我觉得最舒服的事，莫过于享受音乐创作的过程。

Blues, Raggre & Others

蓝调，说唱及其他◎

◆访谈录／根据美国华语广播录音整理

刘索拉

郭盖／摄

　　我以为我在中国挺疯的，已经够疯的了，还不能跟着他们疯？那根本就不敢了。跟他们的疯相比，咱们的疯就是假的，他们都是在骨子里，血里的东西。一举一动，都是在血里流的一种东西，你只有在血液里含有这种东西，你才能唱出来，要不然你就唱不出来。整个的音乐，比如那个音响，那个屋子里的灰尘，没有空调的那种炎热，然后有几个老头在那儿调着弦，是那样出来的声音。在那样的气氛里边，还有互相的那种友好、调情，只要见着女的，眼睛就发亮。就是完全的调情，无时无刻不在调情。就是所有的音符，都是对于异性的一种反应。或者说，不光是异性，就是性的一种反应。

蓝调、说唱及其他

电台采访对话（主持人↓林默）

主 持→ 你说你到过曼菲斯，在那儿呆了一个月。（指1989年）

刘索拉→ 去那儿采风去了。一个月采风去了。刚开始特别不适应，一举手，一投足都是跟性有关系，出门一撞人，说的就是性。每天去排练的时候，一张嘴说话，人家跟你说的就是性。每个说音符的感觉，都是性的感觉。所以，你能不能唱出来，或者弹出来那个

田批：

这是一篇相当重要的访谈，它告诉了我们一件1989年夏天发生在地球西边的事。这件事虽然因为它的私人性质而与当年同时发生在地球东边的惊天动地的大事不具备任何可比性，但它其实也很重要。我在前边说过，假如索拉早生10年，她可能早就

183

"歇菜"了。看来这个判断是我犯的又一个错误。看了这篇访谈我才知道，假如索拉早生20年，或者她提前20年（1969）去曼菲斯找那些黑人的话，她也许会成为一个家喻户晓的英雄，名声起码不在邢燕子或"草原英雄小姐妹"之下。

我现在还记得在60年代的《参考消息》上，曾刊登过一篇挺长的美国黑豹党的宣言。假如我没记错的话，这篇宣言最后是用这样的口号结束的："全世界无产者、被压迫民族、有色人种、同性恋者联合起来！"当时，我还小，但已养成了爱看报的坏习惯（这个坏习惯我在大约10年前才基本克服）。我之所以记住了这句口号，是因为我当时最向往的事业，就是献身"世界革命"，比如去越南、古巴之类的地

感觉，就是你能不能感觉到他们说的那个性的感觉是什么感觉，你的手在吉他上怎么划动，在钢琴上你的手触键的感觉，比如说在钢琴上爵士乐划音的感觉，要是你没有他们那种性的感觉，你就不会有所有这些感觉。你就是僵的。比方说你唱蓝调，怎么从高到低，蓝调不是有呻吟吗，蓝调有叫、哭、喊、呻吟，所有这些东西是蓝调最主要的东西，这些东西要是你不感觉到他们平时所说的黄色笑话，不对答如流，不感觉到他们说的性的这种节奏，你根本就唱不出来那种感觉。你绝对不会放松，你的肌肉是紧的。别看你心里想的特黄色（笑），但是绝对唱不出来对答如流的那种音色。

主 持→你这么一个很典雅的中国女性，怎么会想到跑到曼菲斯去？（笑）就是说你怎么会对蓝调这样子的音乐感兴趣呢？

刘索拉→典不典雅再说吧，我可能骨子里就不典雅。两年前录《蓝调在

东方》的时候，那些黑人最后就说"这家伙她是黑人，她的血管里有黑人的血。"但是呢，他们不知道我确实是从中国文化跳到黑人文化，对我来说那真是一个转折，而且刚开始我发觉我真的不适应。本来我以为我可以。1987年我到美国访问，华盛顿新闻总署的那个特殊访问计划，听遍了美国的音乐，第一个被打动的就是蓝调。最感动的也是蓝调。

主 持→蓝调感动你的是什么东西呢？

刘索拉→蓝调？我刚开始听了埃维塔、佛兰克林（Aretha Franklin）是吧，然后是奥特斯·瑞丁（Otis Redding），刚开始就是这些比较流行的美国黑人歌星。然后就发现，他们的那种唱法跟我们（以前）在国内听到的流行音乐或者巴巴拉·史翠珊（Babara.Streisand）完全不是一回事。我们（以前）听到的都是美国白人的音乐，或者百老汇的音乐，或者听到摇滚

方，而受苦受难的黑人兄弟，当然是革命的同志，起码是天然的同盟军。问题是我当时刚上小学，性知识水平与成熟度远远低于政治上的成熟度，我也就是刚弄明白小孩不是从耳朵眼里生出来的水平，你想，怎么能理解同性恋的高深玄妙及与其在政治上合作的伟大意义呢？答案会很快忘掉，而疑问却永存在心，所以，我至今记得这句话。

长大了，才见到了真正的黑人，是留学生（似乎当时只有黑人才到中国留学？）后来有一阵子听说他们不好好读书，光想交女朋友之类的话；再后来，又听说他们闹事（当然闹事的只是"一小撮"，占总数百分之九十五以上的广大黑人留学生是好的），抗议中国女孩子"种族歧视"，不理他们云云。

中国女人与在华黑人交往史虽说是个很有意思的学术题目，但我缺少第一手材料，暂时还没法研究。据说（只是"据说"），他们的闹事还不光是因为中国女孩不"理"他们，而是因为中国女孩只是单单不"理"他们，但同时并不拒绝甚或喜欢"理"其他白色或黄色的留学生。

这的确是个问题。中国历代的农民起义，都是"不患寡，只患不公"。按说，黑人兄弟与我们同属"有色人种"，在当今世界上，又共同面对强权政治、跨国经济、主流文化的压挤，是同病相怜的"穷弟兄"。但不知为什么，当今大部分中国人的确存在着或多或少、或明或暗的对黑人的轻视心理。谁如果立刻想反驳我的这句话，我请他先问自己这样一个问题，假如有一天你女儿

乐，它们其实都没有蓝调的那种东西。蓝调的那种东西真是得从身体里出来的，我当时听完以后就说，这种东西是从哪儿来的？然后我就到芝加哥听到朱尼·维欧斯(Junior Wells)，这是真正的蓝调。我看了朱尼·维欧斯的演出，我就疯了。那是真的演出，朱尼·维欧斯就坐在台上，当时他就说是特殊为我演一场，因为我是从中国来的客人。他原来没准备演出，正在喝酒，他当时就给我演了一场。他的整个演出方式就把我完全震惊了，跟我们在中国看到的所谓什么"流行歌星"演出完全不一样。你知道，（他）就是穿得破衣烂衫的，可是唱得太棒了。那口琴吹得，整个是灵魂，完全是全身都在唱。就把我给镇住了，然后我想，这是我真正要学的东西，我一直就在找一种声音，但是找不着，我一听这个东西，就知道这就是我要找的东西。于是1989年我专门到曼菲斯去住了一个月，专门和曼菲斯的黑人在一起，全部是蓝调的音乐家们，而且是老的蓝调，他们就是朱尼·维欧斯那一代的。他们把

我放到一个乡下旅馆里边，就是放到一个全是妓女的黑人旅馆里，（笑）吃的就是黑人吃的那种大猪排、土豆泥、烧鱼什么的，还有玉米棒子，玉米面包，每天都吃这个。一到晚上，我们那个楼里头就全是妓女，然后黑人就来逛妓女，全是这种人。白天走在大街上特别热，所以没什么人，我就去跟着他们排练，一个是体会到他们的生活环境特别苦，一个是看他们是怎么感受蓝调。刚开始，我以为就像学乐理那样去学音乐，你知道，就是去采风嘛，哎呀，这个音符应该是这样的，这个和声应该是那样的，其实不是那么回事。跟那些没关系，跟和声、结构完全都没关系。

主　持→（笑）当然你是音乐学院的了。

刘索拉→就是。而且我以为我在中国挺疯的，已经够疯的了，还不能跟着他们疯？那根本就不敢了。跟他们的疯相比，咱们的疯就是假的，他们都

忽然给你领回一个未婚黑姑爷来，你会怎么对待他和这件事？

假如你心里疙疙瘩瘩，觉得不如嫁一个白人好；假如你明天面对邻居张大婶时有点抬不起头来的感觉，对不起，这就是"种族偏见"，这就是"种族歧视"了，不管我们承认还是不承认。平等的概念说说容易，真的做到却很难，尤其是当感到不平等的人不是你的时候。

假如说富人瞧不起穷人虽然不应该但还有点道理的话，那么，穷人自己瞧不起自己或瞧不起比自己更穷的人，就不但不应该，也没有一点道理。而我们为什么瞧不起黑人，还不是因为他们和我们一样穷、一样落后，甚至比我们更穷、更落后吗？

不以衣帽取人，是中国的传统美德之一；不嫌

贫爱富，是许多中国传统戏剧的主题。但，真的做到这一点，也像真的落实"平等"二字一样难。

所以，我喜欢索拉。她似乎压根就没有种族、颜色的概念，也没有嫌贫爱富的文化。她就知道音乐，就知道谁的音乐好。而只要你的音乐打动了她，她就死命地爱你，顾不上你是谁，顾不上你的红、黄、蓝、白、黑。

她这么做，不光需要对艺术的十分赤诚，还需要八分勇气和两分"二百五"劲儿。你想啊，一个中国女孩，独身一个，住到一个"全是妓女的黑人旅馆"里，跟那帮"只要见着女的，眼睛就发亮"的黑人音乐家们混一个月，"跟着他们疯"，恐怕没点儿"舍身饲虎"的精神还真不行。另外，据索拉自己说，真正起到保护作用、最终使她"全须全引儿"圈

是骨子里，血里的东西。一举一动，都是在血里流的一种东西，你只有在血液里含有这种东西，你才能唱出来，要不然你就唱不出来。整个的音乐，比如那个音响，那个屋子里的灰尘，没有空调的那种炎热，然后有几个老头在那儿调着弦，是那样出来的声音。在那样的气氛里边，还有互相的那种友好、调情，只要见着女的，眼睛就发亮。就是完全的调情，无时无刻不在调情。就是所有的音符，都是对于异性的一种反应。或者说，不光是异性，就是性的一种反应。所有这种感觉，都是非常自然地就出来了，而且一定要融合的，和音乐融合，而不是说你自己躲一个小屋里想心思，出来以后当正人君子，(笑) 那你弄不出这种东西来。这种东西绝对不是假装正人君子能出来的那种音乐。完全是敞开的，就是把衣服和你的整个身体都扒开了让人看，是完全敞开的一种东西。有这个，音乐就出来了。

……

刘索拉 → 我这一个月的痛苦，（笑）是痛苦，根本就分不出来了，就被人家给憋住了，整个就是一巴掌给打那儿了，人就全僵了。到最后一天录音的时候，最后的一个音我才出来，一直都出不来这种感觉，全都被憋在里头了。我自己在打架，我自己的内心，咱们中国这么多年的文化教育，还有他们对我的刺激，整个把我给激在那儿了，就出不来了。就恨不得拿拳头在我背后打，最后那一句我才能出来一点儿。我后来才明白，这整个是一个生活方式，是一种内心的感觉。这真的是一种文化，特别奇怪的是，这么多年之后，终于到我身上去了。比如你要听我现在的音乐，我觉得我已经变成黑人了。（笑）所以我跟他们开玩笑，我跟他们在一起时，他们觉得我就是黑人，而不觉得我是黄人什么的。

……

囵个出来的秘诀，还是她的"混不论（lin）"，是她能面不改色地对待那些"黄色笑话"并"对答如流"。

从学术上说，刘索拉去曼菲斯"采风"，是一个中国音乐家对人类音乐文化最重要的内容之一——美国黑人蓝调音乐的首次较长期的实地考察，它标志着中国音乐学的视野又有了新的拓展。

主 持 → 过去说的这个真正蓝调，就是三角洲的。密西西比三角洲的那个蓝调是男性的，雄性的，而且真正是土生土长的。女的呢，后来唱的还是在舞台上。那么就是说，对于你来说，不管怎么样，你还是一个女性，而且是东方的女性，这个东方的一些传统，跟黑人好像隔着十万八千里吧。……

刘索拉→哎，这个事特别有意思。其实我是通过蓝调知道咱们中国传统音乐是怎么唱的。黑人（社会）是一个性的气氛特别强的这么一个社会，……所以蓝调有一种性调情的东西，但同时它也是一种特别传统的形式，有点儿像说书。因为它的调子特别简单，然后它就来回的变化，通过唱来表达它的感情，在表达感情时就会有各种技术，又哭又叫，又发疯什么的，来表达想要说的话。其实它的旋律特别简单，基本上是来回的……

主 持→而且好像有一个主要的三句式什么的，先说一句，然后再说一句，再重复一句。这是不是有点儿像……

录音《缠》/1997/摄影/洪惠瑛

刘索拉→对，比如说像评弹，蓝调经常调着弦，一边调就一边唱上了。一边唱还一边在那儿调。咱们中国评弹老艺人，真正的老的艺人也有这种传统，他也是一边调弦，一边就开始说唱了，评弹的故事就算开始了。他的调弦就变成了音乐的一部分。其实，这就特别像蓝调的特点。当然了，从民歌开始，我们大家都有民歌，黑人后来就变成小型的团体，在咖啡馆里头唱，也就要钱了。开始都是舞台的东西，就有点儿像我们的说书艺人或评弹艺人，也变成了在茶馆表演。男的女的都有。比如咱们的评弹，就是有男有女，但是一开始先是男的唱，后来逐渐有了女的，所以我觉得这一点，我们与他们很像。另外一个呢，就是他们的这种音乐感，你如果听咱们中国老艺人的唱法，就是很多年以前的老艺人，就让我想起蓝调音乐家的唱法。就像那些茶馆，乱哄哄的呀，整个的气氛哪，还有那些艺人的生活方式，这音乐和他们的生活是紧连着的。所以他们的发音方式和唱的方法特别自然。无论是高啊，低

田批：

去曼菲斯和那帮疯子音乐家混了一个月，居然懂得了过去在音乐学院学完了也没懂的中国曲艺和中国戏剧，这也算是歪打正着！其实，一切来自民间的艺术、一切还没来得及被"提高"、没来得及被好心的学院派艺术家们阉割、整形、掐头去尾、涂脂抹粉并最终被"规范化"的艺术，都有许多一致性和共同点：比如鲜明的个性、自然的表述方式、简约通达的结构和强烈的生命力。至于中国说唱音乐的连唱带说以说为唱与蓝

调音乐说唱性的类似，则恐怕是"英雄所见略同"。他们都有那么多想说的话，他们又都那么希望别人能听懂他们的话，于是，他们就都选择了这样一种形式：在把语言音乐化的同时把音乐语言化。

不过，如果一定要出国以后才能学懂中国曲艺和中国戏剧，这中国的音乐学院恐怕是更难办了！

啊，平淡啊，都特别自然，和他们的生理，和他们的整个人的生活，全部连在一起。和我们后来文工团的东西完全没有关系。文工团的东西是训练出来的，穿着服装，全都弄得好好的，他们唱的歌跟他们的生活完全没有关系。是吧？唱完了然后拿钱走人。但是蓝调艺术家和我们以前的说书艺人的这种感觉我觉得特别像，就是特别有关系，其实他们真是把生命放在了他们要说的这件事上。虽然咱们中国不说性，中国就说书，说历史了，而黑人就说性，这是文化的感觉不同，但是同时你能听得出来，哪怕中国是说书，是说历史，它内容中的身体性，生理性也特别强。比如说你听每一个说书艺人的声音都是不一样的，他们的性格都在里头，他们的人也在里头，而不是说你听了却不知道这是谁。你听老艺人的东西，包括老的唱戏的，谁是谁你能听得特清楚。你一下子就能感觉到他长的样子，他的说话声音，他的性格，甚至他的生活方式，可能都在这声音里头，就都出来了。就和黑人传统的这些蓝调，我觉得特别有联系。

……

80 年代中为导演张暖忻的电影《青春祭》作曲时，去采风。我们去了原始森林，没觉得对蚂蟥有什么激情，倒是为我写中篇小说《寻找歌王》提供了画面。

刘索拉→ 通过这次采风，我发觉我才懂了中国戏剧的东西。以前不懂，以前在音乐学院学习时，就介绍以前的老艺人是这样的像瞎子阿炳如何如何，你就觉得老的人他们是那么弹的，而新的艺术家是这么演奏，那我们的艺术又发展了。（笑）你会有这样的感觉，是吧？其实不是内容，而是说的表演的方式和技术和质量，和音乐的灵魂的质量。这个是非常不一样。你听我们中国以前老的艺术家，老一辈，他真的是把自己的灵魂放在他的演奏上面，无论是器乐还是声乐，所以你听到的是他人的性格。他们每个人的音色都不一样，无论是器乐还是声乐。而新一代的艺术家没有这种东西，为什么呢，是因为他们功利的东西多了，就没有了灵魂的东西。有功利的东西，把它打磨一下。然后就大家一块承认：这个音色，统一音色，是好的。由于有了这个音色，你就毕业了。但是，以前的老艺术家没有这个，他的音色就是他的音色，无论是器乐还是声乐，哪个音色是哪个音色，然后有一点，就是这个气氛为什么能出来他们那种音色？这就跟为什么能产生蓝调的社会背景，有点相像。

……

主　持→但是从你本人来说，你是搞西洋乐的，那么从你有了这个感受之后，你要再创作你这个东方蓝调的时候，你是不是还要回到中国去采风呢？

刘索拉→是这样子的。听了这个以后，其实就是反刍，就是说我们在中国学得真的是特别多，中国的传统音乐，其实我从小就学习中国传统音乐……加上音乐学院学了很多，音乐学院每年都有采风，又学了全国各地的剧种，其实也不真正懂，就是知识上非常多，而且我们都收集了很多资料，但是不是真正明白这个灵魂就难说了。我这次回国的时候，也跟我的同行们

田批：

索拉似乎基本上不读古书，但她对"采风"的理解和她通过采风找到所谓"把他们的灵魂放进去"，"把他们的生命放进去"的音乐，从而改变了自己对音乐的态度并吸取灵感、营养，并在此之上创造、构筑自己的音乐的

说起过，就是说惟一的一个特别大的感受，就是生命力，就是说真正在音乐领域里的生命力，和你真的敢把你的生命和灵魂放在音乐里头。这种东西，我以前从来没有意识到。就像你刚才说的，从音乐学院学了以后，这些知识堆在这儿，出来一种音响，然后大家用这种音响，什么东西最摩登，什么东西最新，玩儿什么招儿最受欢迎，最能取得成功，好像都是这种东西，所以以前就觉得特别没意思。我在国内的时候，在音乐上不知道该干些什么，因为我不喜欢那种感觉，就是说，我不觉得那些与我有什么关系。那些音乐弄出来以后，就毕业了，别人有时会说："你作得不错。"但我却觉得与我没关系。但是通过和黑人在一起，通过听他们的音乐，等于是在倒过来反刍我以前学过的所有东西，我一下明白了，不论是黑人，是黄人，还是白人，这些传统老艺术家的这种灵魂，就是说他们是怎么把他们灵魂放进去的，他们是怎么把他们的生命放在了音乐里头。其实，反过来我又从老一代的中国音乐家那

过程，却极富新意地阐释了"采风"的真正意义。

"采风"，不但是中国一个古老的文化传统，还说得上是中国人最有意义的政治发明。依我个人的观点，假如这项政治发明真的存在过，假如它真能始终实行并推广的话，那么，其对人类历史进程的影响和贡献，也许会超过指南针和火药。

"采风"也叫"采诗"，据说是周代发明的一项制度。所谓"采风"，就是"采访风俗"，即从民间流行的民谣民歌中收集百姓对政治的反馈信息。《汉书·艺文志》称："古有采诗之官，王者所以观风俗，知得失，自考正也。"若果真如此，这周天子可的确称得上是英明了。他不但想出这么一个法子，设采诗官专门下基层收集民风，以从中了解、判断自己施

政方针的对与错，更难得的是，他居然知道错了以后还能自己改！

我从来不是顾颉刚的门徒，对"古史辩"派，也始终持一种"绝对欣赏其精神,基本拒绝其结论"的态度，从心里总乐意相信中国古籍中的记载。但对"采风"制度是否真的在中国实行过的问题，我却随着年龄的增长而越来越持怀疑态度了。阅历告诉我，能"观风俗，知得失，自考正"的统治者大半只存在在知识分子善意的想象和自我安慰、自我欺骗中。

到了现代，"采风"两字似乎只有社会学家、民俗学家、民族音乐学家等少数人用了。而且，也许是因为他们收集来的成果根本起不了原来"采风"所具有的意义和作用，所以，近来"采风"一词已经被一个更经不住推敲的词代替了，这就是"田野工

里学到了特别多的东西，我就老听中国音乐家的那些老的录音，反过来我就懂了他们，我们从来没有想过去重视这个,而是(老)想怎么去发展他们。(笑)

主 持→那么你在创作的时候，你用的乐队是美国人的乐队呢，还是……你平时创作是怎么创作呢？

刘索拉→现在说的这个作品已经是我三年以前的作品了，完全和我现在的作品不是一回事。

主 持→是那个《蓝调在东方》吧。

刘索拉→当时作的时候还是想试一试。我已经那么多年在弄蓝调，就是在学这个，而且想把它与我的中国背景融在一起。所以当时等于是做了一个尝试，一个总结。就是说对蓝调和爵士的一个理解，所以我用了真正的蓝调乐队，然后是美国纽约真正的第一

流的爵士音乐家，因为我的主旋律都
是用的传统的咱们中国色彩的戏曲戏
剧里的东西。我又听了很多大鼓书，学
了咱们中国的说唱音乐的感觉，所以
有很多音乐没有谱子，是我看着《今古
奇观》这部书唱出来的。我相信中国老
一辈传统的说唱艺术家，是看着字唱
出来的，是没有谱子的。当时我就想，
我要作这个，所以我把配器谱子写好
了，把乐队写好了，然后当我唱的时
候，我是直接看着小说唱出来的。但这

作"。

在这样一种情况下，
索拉能跑到美国黑人区
"采风"，还能从中受到这
么大的启发，学到这么多
东西,也真是难能可贵了。

吴蛮录音《蓝调在东方》
摄影／刘索拉

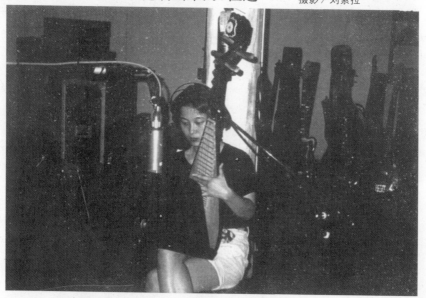

是同时结合了蓝调音乐家的技术和我想像的我们中国老说唱艺术家的技术。我们中国音乐没有所谓蓝调的那种摇摆的东西，而我唱的时候你能听出来摇摆的东西，虽说旋律是特别中国的，但是节奏其实是特别蓝调的，因为只有蓝调才会有"切分"的这种东西，若是你要仔细分析那些高、低的旋律起伏，还是觉得和中国特别有关系。因为你仔细听中国的梆子戏或大鼓书，里头的音乐大跳非常多，就是你的身体这么一晃，音乐就该出来了。（笑）用不着把谱子写成一个一个的，然后你再去念那些谱子。

......

我在北京"橡树底下"艺术沙龙演出清唱《伯牙摔琴》
摄影／鲍昆

刘索拉→中国音乐，就是说非常舒服，现在中国音乐在我的心里头很舒服，在我的身体上很舒服。中国音乐现在已变成我身体的一部分。这一点让我感觉特别舒服。而且我感觉到我作音乐不是学院派式的作音乐了，以前让我最难受的就是，我觉得我从音乐学院毕业了，我要照老师说的，或者不照老师说的，或者怎么样，但是都不是我身体的反应。我非常不舒服。现在我终于觉得特别舒服了，就是说我作这个音乐是我身体的一部分，如果你嗓子好的话，你可能大声吼两下，嗓子不好就小声哼哼，（笑）是吧，但是它总是你生理上的东西，就跟你要吃饭是一样的。包括爵士音乐家，比如说他吹的声音高啊，低啊，长啊，短啊，或者其他什么的，就是爵士音乐家的那种感觉，是很生理的一种东西。所以这时你就感觉，让这个音乐变成你的脚，你的手，你抬脚一踢，音乐就踢出来了，或者手一举，音乐就举出来了。不用受特别多的限制。

田批：

又来了！刘索拉到哪儿也忘不了她的"生理"性！这恐怕就叫"强调"吧？

主持→说得好！特神是吧？（笑）一举手一投足都是音乐。但是真正你创作的时候，是脑子里有个旋律呢，还是你坐在那弹哪，还是怎么样的？你是怎么创造的？

刘索拉→我创作的时候，尤其是对于人声的创作，因为我是自己本身可以发出来的声音，我就是感觉到我的脚一踢，或者手一抬就能出来。比如

舞蹈家殷梅在我的音乐会中曾即兴演出。
摄影／Gamma Comas

我与古筝演奏家袁莎共同演
出《空山鸟语》 / 2000.11
摄影／郭盖

刚才我说的看《今古奇观》，拿着书我
就可以唱，把那个故事整个唱下来。在
任何场合，在任何地方，我的情绪的变
化，或者说我的情绪不变化，都无所
谓，这东西就可以马上出来。所以，比
如说我经常和爵士音乐家，或者和民
间音乐家在一起作一些声音，作一些
音乐，我马上就可以出来。比如说现代
舞，我为什么说一抬手，一投足，我经
常看到现代舞蹈家的手或脚动的时候，
我的音乐跟着就出来了。

　　主持→那你这样创作不是很容易
吗！（笑）几天不就出一盘磁带呀？

　　刘索拉→那不是。因为你要作乐

我与吴彤演绎《晋调》／郭盖／摄

队的话就不容易了。你要了解别的乐器，乐器不能像人声一样。如果你要让我用人声独唱的话，很容易，我可以一天出一盘磁带。（笑）非常容易。但是你要作乐队的话，你要考虑别的乐器。因为我有我的风格，所以在创作我的风格的时候，就要考虑怎样才能使别的乐器适应我的风格，在我的风格里面。美国现在有一种音乐就是即兴，大家都即兴，我唱我的，他唱他的，最后这个东西就出来了。但是这样的话，别人的东西没有在我的风格里面，对我来说，我不喜欢这样，因为这个风格是乱的。我喜欢它是统一的，因为既然我是作曲的，那我就希望能统一在我的风格里面。这样的话，我就要了解对方，我就要给他讲我的意图，我前面的磁带都是这样作出来的。

……

主持→那你平时等于是自己在创作，等你创作出 10 个或者 20 个曲子来，然后你雇乐队演奏哪，还是说你自己有比较固定的乐队？

刘索拉→……我没有固定的，非要跟谁合作。比如说我现在特别需要跟中国的音乐家合作。我以前在英国的时候，就有一些英国的音乐家和我合作，然后到美国来以后，作《蓝调在东方》，他们给我提供了特别好的条件，我可以挑选想要的音乐家……我挑的都是我觉得最好的十几个音乐家在一起，然后我就把谱子分给他们每个人。这有点儿像传统音乐的做法。因为我没有给一个旋律，然后大家就来吧，如果这样的话，特别容易风格不统一了。其实这是很慎重的安排，你要把总谱写好，就是完全按照传统写作的方法，但是我的音乐家不是传统音乐家，他们是爵士音乐家，还有蓝调音乐家，有的人他不能读谱子，所以呢，有的时候有一些特殊的谱子，比如说你只能给他们和声记号，你不能给他们整个的谱子，还有的一些音乐家念谱子不太好，但是他即兴特别好，在这种条件下你就要给他们一定的谱子，是他们可以念的。比如说我知道爵士，所以我可以用他们的语言给他们讲：你怎么来即兴这段爵士，你怎么照我的风格来进行。你不要即兴半天，是美国的爵士，跟我的音乐就不对了。这就要求你了解各类的音乐，比如说传统的琵琶，我就是写琵琶谱子，但是这个琵琶谱子是按照蓝调爵士的谱子写的。

……

其实挺好玩儿的。我也是第一次尝试是用蓝调和爵士的那种节奏，那种音符，那种感觉写的琵琶谱子。当然了，这个指法就要请吴蛮来看了。对我来说，真是挺新鲜的，就是怎么给中国民乐来写这种东西。到我自己倒容易了，就是刚才说的，因为我自己可以一张嘴就唱，所以我倒不用想了。包括这个《中国拼贴》，我想了很长时间，虽然现在看起来，听起来效果很简单，一个人在那儿唱，但是当时我很犹豫，因为传统的琵琶和人声都是小调，就是你想像中的茶馆里一个女孩儿抱着琵琶在那儿唱。能唱出什么来呢？所以我特别犹豫。后来我就决定作拼贴，这还是受了陈丹青的影响。我去他的画室，看着他

的三联画，我说："嘿，拼贴！"

……

我的美国奥索（Also）音乐制作公司的董事郭碧松女士。我信郭碧松的仙风道骨。

摄影／洪惠瑛

主持➜你现在怎样呢？就是说，如果你有什么设想，会有唱片公司给你出钱吗？

刘索拉➜现在就是说，甭管大小，反正我可以找到这儿的唱片公司来作。但是我现在很愿意自己作自己的。

主持→ 自己出？不用别的唱片公司来作，就是你自己……

刘索拉→ 我现在就想自己做唱片，自己作制作人……

其实也不省事，如果自己做制作人，麻烦特别多，但是起码你可以作你真的想要作的。我是不愿意让任何唱片公司来约束的。我知道，如果有一个商业合同的话，你就绝对要受约束。所以这儿的美国制作人，他们也知道我的性格是这样的。我的制作人也特别好，他真的一句话都没有控制我，他问我要什么，我要什么他给我什么，但是这样的情况特别少，所以紧接着我作的第二个，到最后就剩我们俩人儿了。（笑）第一次要了十几个，第二次就剩下俩了。这样的话，我就老得蹦，我又有一个计划，我的下一个计划要十几个人。我就得看，哪一个唱片公司愿意让我这么随便来。不是所有的唱片公司都可以让你随便做你想做的，因为都有自己的商业目的。

我的美国奥索（Also）音乐制作公司的业务经理洪惠瑛小姐与佛南多(Fernando).

......

刘索拉→什么叫商业成功？对于音乐家来说，确实你没有办法第一步就想到那儿去。而且商业成功不是你能决定的，是市场决定的。今天市场转到这儿，明天市场转到那儿，如果你真的是一个音乐家，你真的没法跟着那个市场转。你能想到的就是把你的音乐作好，作得质量好，而且有人能给你演奏，你还可以把它录音，或者还有演出。我想，对于一个音乐家来说，你就该挺满足的了。附属的条件就是，你还能活下去。（笑）然后，接着把这件事继续下去，我看就该知足了。

......

主持→中国的好多听众呢，我想知道你的名字可能并不一定知道你的音乐，而是知道你的小说。现在你还在写吗？

刘索拉→我刚刚写完，不打算再

田批：

这段说得特别好，值得所有有幸生在商业社会的艺术家们记住：你千万别跟着市场转，你转也跟不上。虽说大众的审美就是一个"俗"字，但他的脉也不好摸，因为"俗"和"俗"还不一样。起码表现在音像市场上的大众购买动向，就有点像咱们的天气预报，没什么准儿。

1、艺术要反对的,虚伪之后,是熟练。有熟练的技术,哪有熟练的艺术?

2、也许先锋二字是特指一派风格,但那就要说明:此"先锋"是一种流派的姓名,不等于文学的前途。一向被认为是先锋派的余华先生说,他并不是先锋派,因为没有哪个作家是为了流派而写作。这话说得我们心明眼亮。
——史铁生《熟练与陌生》

我与史铁生夫妇在一起／1999年

摄影／鲍昆

写了。(笑)很长一段时间内我可能不会再写,因为我觉得我在音乐上创作的数量太少了。

主持→那你在这两个方面,当然是不矛盾的了,是不是?就是说你的文学创作和你的音乐创作。

刘索拉→是不矛盾。就是说时间和精力牵制得特别厉害,一会儿想这个,一会儿想那个,有时候我得打开两个电脑,左边是文学,右边是音乐。(笑)在左边的机器上写几个字,写累了,再转到右边作音乐。作音乐的那个电脑的容量小了点,它就转得特别慢,没等它转过来,一想:得,干脆回去写文学去吧。(笑)

主持→(笑)那你最初写的小说,有好多原型是你音乐学院的人,那么你现在创作的东西,大概是写什么类型的文学呢?

刘索拉→ 我这次写的就是一个小说。我写的这个东西跟音乐没关系，跟我自己也没关系，它就是一本小说，背景是中国。但是是完全虚构的小说。

主持→ 但是你在千里迢迢之外，跟中国离得这么远，那么你写的东西还是以中国为基础，以中国为背景的东西，那么你有没有一种距离感呢？

与作家好友们在音乐会之后的座谈会上（左起：田青、朱正琳、陈染、鲍昆、王朔、舒可文、刘索拉、李晖）

摄影／郭盖

2000年我在香港新出的长篇小说《大继家的小故事》。

想不出为什么女作家就显得弱，也许是她们关注的问题或说她们的脑子跟男人不一样……女作家中能逗乐的不多（早年有个刘索拉），相反有很多女作家写的东西我看着累或干脆看不懂。
——狗子《中国新闻周刊》／ 2000 年

刘索拉→因为是虚构的，本身它就有距离感。（笑）跟我，跟什么，它都有距离感。

主持→那么你今后的梦想，你是觉得最想作的是在商业上有相当成功的艺术家呢，还是作家，还是说两者都有？（笑）

刘索拉→（笑）我的梦想就是我做的事情能实现。真的，那我真是谢天谢地了。比如说你想到一个题目，你想作音乐，你想跟哪个音乐家合作，然后又把它实现了，那真是谢天谢地。能实现这件事都特别难，经常是你得改变计划。

主持→就在你的创作过程当中，和你平时的生活当中，你觉得最难的是什么东西？

刘索拉→最难的就是你不能做你

老想做的事情。你的计划老得改变，你
要想办法自己去实现。这特别难。但同
时又是一种较量，在这种较量中你就
练出来了。比如说我去年的音乐会，在
纽约中央公园的夏季音乐节，整个的
那一场音乐，就是我和鼓，没有别的
乐器。这就是说我练出来了。我就写了
一场音乐会，就是《人声和鼓》，我没
有写别的乐器。因为我知道写别的乐
器非常麻烦，我要找很多人，还要排练
等等，有很多事情。可这样一来的话，

与老相识

哥哥都都小时候

哥哥都都长大后与我在一起

无论我还是鼓，负担都特别重。尤其是人声的那个量，你也听了《中国拼贴》了，那个量特别大，两个音乐家都必须是独奏家。就是说，没有人能帮你。比如说，你作为一个演唱者，不是说你想喘口气，乐队在后头就能帮你，你差不多就没有喘气的时候。而且你还要吸引得人们都要听你的声音。有的时候很刺激，因为如果你要真能一下子弄来五十个人，或者三十个人，哪怕就十来个人，都在一块的话，有很多事情互相可以帮嘛。最起码十个人轮着来，你还可以歇歇呢，可俩人你就歇不了了。去年的音乐会就是我和鼓，就我们两个人，可是我和鼓的那个音乐会，本来是我的人声独唱的音乐会，一个半小时就我一个人，我想这就是给逼出来的。（笑）因为有的时候，你没有那个条件了，你想要一百个人，最后只有一个人去实现，然后你就一个人给做了。而这一个人，你真的得练，不能骗人，你想那台下的观众坐在那儿，你总不能把人一个个都摁在那儿。是不是？所以挺那个的。
……

主持→那么当初的那些评论家是不是都觉得你的这个形式很别致呢？而不会觉得你是出于无可奈何的？（笑）

刘索拉→当然，后来我明白了，艺术其实都是这么出来的。我们社会主义下的艺术家很多人不懂这一点，都是养的，咱们给养得太舒服了。我在爱荷华国际写作中心时碰到一个华人老头，他呢，是个戏迷，解放前的戏迷。他就给我讲，他特别迷小时与父亲刘景范在故宫合影。是不是所有的女儿都觉得自己的父亲是天下最好的男人？我是觉得。

爸爸和枣桂

与父亲刘景范 于北京故宫（年代不详）

老的戏班子的那些老演员，他给我讲了一个老京剧演员的故事。他说这个老京剧演员个子太高了，什么角色都不适合他，刚开始考戏班子，没有一个戏班子愿意要他，挤对得他没地方去，结果他在家把所有的角色都唱了。就是所有的角色他都练了。他练功的时候，把一条腿在树上吊着，一吊就是一天，练成了以后，他可以一条腿冲天翘着，能翘好几个小时都不下来。后来他一个人能唱独角戏，上台以后什么角色他都能演，后来他成了京剧大师。他说这就是我们京剧老前辈的精神，其实就是逼出来的，其实很多艺术都是给逼出来的。比如说，有的时候我给香港作音乐，香港有个戏剧团，"现代进念戏剧团"，他们就是没乐器也没被训练过的音乐家，什么都没有。这时候他们给你的条件，你作曲的来了，你给我写音乐，人人都不能唱歌，而且我们没有任何一个人是会乐器的，但是要让你给我们写一台戏。就用这些人。这时候你怎么办？你就得想办法让这些人出声，想办法给这些人一些训练，

田批：

这段说得也好！艺术是"逼"出来的，不是"养"出来的。但她说我们社会主义把艺术家"养的太舒服了"，却实在是缺少调查。有道是：洞中才数日，世上已千年。你小小刘索拉能懂的事，我们堂堂社会主义能不懂？我们现在绝大部分的文艺团体都已经市场化，都正在市场上高歌猛进呢。再说，"逼"和"逼"还不同，你刘索拉是被资本主义逼的，我们不是。我们是自己整明白以后主动投身到大风大浪中锻炼自己！当年王铁人怎么说的？"地无压力不出油，人无压力不抬头！"我坚信我们的社会主义文艺事业一定会在市场经济的大潮中乘风破浪，创造出更多、更好、更新、更美的艺术来！

215

然后看看他们能出什么声。实在不行就只好说话。其实就是音乐家在任何条件下，拿起你能够抓到的东西，就让它出音乐。最后练出来的，就是这个。

主持→在一般人的眼睛里面,你应该算是很成功了吧？从写小说到作音乐，到在美国这么一块地方能站得住脚。

刘索拉→我觉得咱们一般的人特别爱看表面的东西,特别爱看谁有了什么，得到了什么。其实，有的时候真的是命，就是说幸运，还有的时候是每个人的自下而上方式。每个人的生存，可能在哪个社会如何会如何。有的做到了，有的就没做到。而且在西方，人好像很难成功，老是时间很长，经常像是海浪一样，你做了这件事并不见得就能成功。就是说，你做了这件事，你幸运，你把这件事给做了，你得到好评了，也算是你幸运，因为你得到了好评。明天你不接着再做，你就没有东西了，你这人就没了。和咱们国内不一样，在国内，你写一本书，或作一首歌，可能吃一辈子呢。（笑）永远你就是老前辈，你特别棒。在这儿，被淘汰率特别高，就像咱们刚才说的，是被逼的吧。大家都急了似的，都是被逼的，艺术家好的太多了。这里的评论，有人说我的嗓子特别好，说是我的嗓子幅度宽哪什么的。后来有一天，纽约的一个记者约我出去听音乐会，他说你一定得来这个音乐会。我问为什么，（他说）这个女的也唱三个八度，我当时听了感觉是这个女的也能倒立，（笑）也能拿大顶。（大笑）就是这个感觉，你知道吗？那意思是高手多

小时候的长辫子是阿姨精心给我留的。阿姨对我一生的影响很大，从语言到生活方式，我都受了她老人家朴实的影响。

多年以前，我和姐姐在一起好快乐

演出完《伯牙摔琴》后与姐姐刘米拉合影／鲍昆 摄

了，有什么了不起，三个八度。其实这就是说，没什么，你今天做这件事，大家吃了一惊，报纸上也纷纷报道了，但是很快又会出来一个，又是一个三个八度，倒立着能唱的。（笑）甚至还能连翻八个跟头之类的。就是这样的，老是能使你感到兴奋，所以你老有压力，马上你就得想出一个新的招儿，然后你就会说："我下一个去做这个去。"

......

主持→ 你一开始是怎么练起音乐来的呢？是家庭的影响啊，还是说你自己就喜欢啊？就是最小的时候。

刘索拉→ 我从五岁就开始被逼着学音乐，因为我妈妈以前想学音乐嘛，所以我们小孩儿的名字都是跟音乐有关系。其实我们家三个小孩儿都学过音乐。

主持→ （笑）你叫"索拉"，那两个叫什么呀？

刘索拉→ "米拉"、"都都"。（大笑）我姐姐学京剧，花旦、青衣两种都特别好，她曾经考上过梅兰芳剧团。就是挺专业的，有两个非常好的老师教她花旦和青衣。而且老放一些老唱片，都是京剧呀，评剧呀，梆子呀之类的，我就跟着听。其实我受这些民间音乐的影响特别强，但是我同时被逼着学钢琴，这我真的是不喜欢，后来又进音乐学院学作曲，还是跟这个有关系。

一直在跟西方音乐打交道,但我骨子里对民间音乐的喜爱一直没有挖掘出来。从音乐学院毕业以后,我不是觉得特别舒服,就是感觉对我自己的音乐非常不高兴,于是就拐弯拐到摇滚乐上去了。就是那个时候作的我的第一张唱片,开始用上架子鼓,然后写一些歌曲,现在听起来都是艺术歌曲。(笑)还挺学院派的,一个歌里头还有好多变调,所以没人唱。(笑)怎么唱啊?连我自己也不会唱,根本就没想过要来唱。有点儿想探索什么东西,其实自己还是糊涂的。所以也不知道该怎么办。也不觉得自己听到这些东西和自己做到的都是我要的。直到我听到了蓝调以后,一下子把我的生活改变了,但是我没想到能把我影响到现在这个地步。就是一下子就能跪倒在蓝调面前,一定要把蓝调弄明白。到了美国,学了蓝调以后,特奇怪,一下子就看到了中国音乐的所有好处。

主持→就是说,如果你没有到西方,你也不会有今天的这种感觉了?

刘索拉→我觉得我要是没出国,我这个人是一个很表面化的人。(笑)连我自己都不知道我是谁。

(据1997年采访录音带整理,由于电台音乐及语言重复等而有删节)

(录音整理:刘尚淳)

蓝調 在東方

BLUES IN THE EAST

听见音乐就又跳又喊，在中国象征着神经病，在英国象征着美国式的没教养。两者都会使众人瞠目结舌。而我是从中国到了英国，神经病加没教养都曾染指。久而久之地改造自己，也就忘了什么叫忘乎所以。这儿的观众就是忘乎所以。他们唱得叫得比台上的演员还欢。幕间休息时，干脆来了舞蹈比赛

Chemistry of Blues

蓝调之缘

蓝调之缘

1987年3月。芝加哥。(访美游记《摇摇滚滚的道路》摘录)

朱尼·威尔斯（Junior Wells）走上台，用口琴吹了几个音，有的音全是吸气的声音。乐队进来，口琴开始了抽泣。然后无声，然后又是抽泣。突然，朱尼·威尔斯把嗓子高高地吊在空中又悲伤地滑下来，幽长地让旋律哭泣、呻吟、哭泣、呻吟——声音抛上去落下来抛上去落下来。他坐下，冲着黑暗，

我的"灵魂姐妹（Soul Sister）"爵士键盘演奏家及作曲家爱米娜（Amina C Myers）在录音棚录《缠》时 /1997
摄影／洪惠瑛

223

田批：

这话说得就已经有点像黑人的语言了。不过，仅就语言的生动性和形象性来说，这段对蓝调音乐的描写，在我读过的所有音乐描写中，可以算得上是相当精彩的了。只希望以后的人别都把蓝调形容成"上帝听了也得抽筋儿"或"旋律像绳索……勒住所有人的喉咙和灵魂"。其实，你仔细琢磨琢磨，"大珠小珠落玉盘"的描写也挺好的，只是生生让大家伙没完没了地引用给糟蹋了。语言的青春就像女人的青春一样经不住折腾，简直是转瞬即逝。一句话再好，说多了也恶心，更甭说类似"一道亮丽的风景线"这种恶俗不堪的破话了！我不知道旁人怎么样，我反正是一听到这句话就得把手里的饭碗放下。但那些媒体的记者们

黑色的面孔抽动着，他的所有神经和血肉都化成最哀伤的曲调从他骨髓里冒出来。他不再是朱尼·威尔斯，而是一只黑得发蓝的音调在扭动，那种伤心没法说，哭不是，不哭也不是。上帝听了也得抽筋儿，旋律像绳索上下摆动勒住所有人的喉咙和灵魂。这就是蓝调，这就是黑人的灵魂。我张大嘴，捏住自己的脖子……

……

1989 年。曼菲斯。（《曼菲斯日记》摘抄）

5 月 17 日

曼菲斯。我又回来了。

在飞机场，丹·格瑞尔和他的哥儿们来接我。1987 年时我见过他们，于是拥抱、接吻、拍肩打背了一大阵儿。他们说美国南方话，本来我的英语就不好，这下更不懂了，我是英文字典随身带，但他们说得快，根本来不及打开字典。

一上面包车，他们开始说下流笑

话。我是一句不懂。请他们翻译，一翻成普通英文，就不逗了，只剩下了下流，那种下流我也不太懂，只好放弃彻底弄懂，跟着傻笑。

旅馆是在郊外黑人区，名字叫"四驾马车"（The Coach and Four）。名字听着古老，但旅馆里面全是现代设备：健身房、游泳池、舞厅，什么全有。老板是个白人，房客大部分是黑人，也有牛仔打扮的白人。两个化浓妆的黑女人迎面走过，丹说她们是妓女。丹说在曼菲斯各色人种住在不同地区，各不相混。

我想睡觉。

5月18日

一早就醒了，时差。旅馆里有自助餐厅，纯粹的乡村饭，炸鸡腿炸鱼，和我最爱吃的玉米饼。这饭特别美国，吃了长大胖子，可又特别好吃。我好好吃了一个早饭，心满意足地去用旅馆走廊的电话亭打长途（这是惟一可以打长途的电话）。一个黑壮汉要帮我叫通电话（在美国公共电话上打长途是最

不知道是安的什么心，好像不让人倒胃到吐绿水不完似的，每天都得让你复习几遍这句话！我如果有权，谁以后再想不起别的词儿光说这句话我让谁下岗；我要是有钱，我就买断这句话的版权，让中国所有报纸每天登一版，所有电视台每分钟说一次：

一道亮丽的风景线！
一道亮丽的风景线！
一道亮丽的风景线！
一道亮丽的风景线！
一道亮丽的风景线！
……

打住，还是老百姓说得好："小人别有权，穷人别有钱。"——庆幸吧，你们！

麻烦的事），但电话怎么也叫不通。去问旅馆老板，他说电话根本不能用。我准备回房间去，那壮汉叫住我问我住在哪个房间和我的名字。我全说了。他说他叫何伯特，还把他的房间号告诉了我。我刚要走，他就说要跟我去我的房间。他说："我是蓝调音乐家，如果你想知道蓝调，你应该问我。"这我才醒过来，说："等我想问你时我会去找你。再见。"说完赶紧逃。刚逃到电梯上，一个年轻黑人站在我身旁，说："你好。"我也回礼。他马上紧接着问："我可以上你的房间吗？"礼貌起见，

与爱米娜（Amina C Myers）在音乐会上／1998／摄影／Regine Corngold

我说："你要有事，可以在吃饭时在饭厅见。"他说："算了。"然后走出电梯。

这儿的人都怎么了？

5 月 19 日

今天是我的生日。没人为我庆祝，我自己给自己过。先去旅馆餐厅吃一顿乡下饭，然后去游泳。有人说在曼菲斯最好一个人别上街，我出去试了试，果然一出去就有人在街上过来搭话儿约会，但回到旅馆也好不了多少！

游泳池是在一个玻璃房里，太阳一照，里面像蒸笼，但跳进水里又特别凉。进水打哆嗦，出水流大汗。我正在那儿出出进进，昨天在电梯上碰到的那个黑人小伙子又来了，问我晚上是否有空？我说没空儿。他就问我是否需要他陪我游泳？我说不需要。他又问我最喜欢干什么？我说工作。他就又走了。

晚上，厄耳在一个饭馆里演唱，我买一大块生日蛋糕去听他唱歌。他唱得浪漫，唱得人浮想联翩。一浮想，就容易走神儿，一走神儿，干脆连眼睛都闭上了。我一闭上眼睛，厄耳就在台上看见了，他一看见，就对着麦克风说："我希望我的音乐不会使你睡觉。"这话说得我多不好意思！赶紧睁眼，一看，整个饭馆里坐着不到十五个人在边吃边听，谁要是闭眼可不是看得一清二楚？我还是人家特约来的，口口声声来学人家的音乐，却一听音乐就要睡觉！厄耳给一个黑人姑娘唱了《生日快乐》，那姑娘过去亲了他，全场欢呼。那不大的饭馆和不多的观众却也显得热热闹闹，红红火火。但轮到给我过生日了，他

田批：

说"孔子与蓝调的婚礼"就"象征着生怪胎"可不一定，你刘索拉的《蓝调在东方》不就是这次"婚礼"以后生出来的吗？而且，她"藏在人后"与你"置身于人群中"有什么本质的不同吗？她是真吓，你是假疯，半斤八两。

说"太中国或太英国都象征着老"没错，但"老"并不等于"死"。少有活力，老有智慧。姑娘是小的好，瓷器是老的好。当然，太老了玩橄榄球是没戏，但支招儿使坏出主意合适。

"百足之虫，死而不僵"的话，可能就是形容中国文化和英国文化的。按说这两国一百多年前就都老了，可二老相遇，咱怎么就让他们打败了呢？一直到香港回归，这二老才扯平。可见光是一个"年龄标准"还不足以解释历

为我唱了《生日快乐》，我却坐在椅子上不敢动，更没上前去亲吻他，坐在那儿等人欢呼，当然没人欢呼。我站起来给大家分蛋糕，几乎没人要吃。我又抱着大部分的蛋糕回到旅馆。

心里很有蓝调感觉——孤独。

5月20日

今天晚上去了一个大音乐会。音乐会是在一个大体育馆里，观众都穿戴打扮得像赴节日晚会。非洲人和亚洲人在这点很有共同之处，爱穿着讲究。年轻的黑人更是爱开大车，显派。这场音乐会里观众大都是黑人，很少有白人。除我之外，我只看到一个中国女人，她藏在她的安静的黑人丈夫背后露出半个脑袋，看着喧腾的人群，好像已经被吓着了。孔夫子与蓝调的婚礼，象征着生怪胎。她干脆藏在人后，而我置身于人群中，虽然跟着手舞足蹈心里却觉得疲劳。我是老了还是太中国了？还是在英国呆得太英国了？其实这三个是一码事，太中国或太英国都象征着老。

与曼菲斯的蓝调音乐家们一起录音／1989

听见音乐就又跳又喊，在中国象征着神经病，在英国象征着美国式的没教养。两者都会使众人瞠目结舌。而我是从中国到了英国，神经病加没教养都曾染指。久而久之地改造自己，也就忘了什么叫忘乎所以。这儿的观众就是忘乎所以。他们唱得叫得比台上的演员还欢。幕间休息时，干脆来了舞蹈比赛，一个跳完了另一个接着跳，观众席的东头儿跳完西头儿又有人站起来接东头儿的"茬"。全场不停地欢呼，警察过来干涉，一干涉也跟着跳起来。黑人的抱团儿从他们的舞蹈中显出来，他们用身体征服世界。

后半场的演出，包比·布朗（Bobby Brown）不停地向观众亮他的屁股，他一亮，台下就叫，尤其是女人们。包比·布朗还爱喊"耶——"他喊一声"耶……"台下就跟着叫"耶……"我可能是全场惟一没跟着叫的，看着他的屁股无动于衷，听着他的叫喊觉得单调。是不是老？还是太中国？

5 月 21 日

史。还得从文化的内部找原因。

假如不带任何感情色彩来看的话，咱们中国文明可真就没法说了。你很难简单地肯定或否定。说"源远流长、博大精深"自豪，说"大酱缸"过瘾，说"再创辉煌"似无历史先例，说"毫无前途"不是有憎恨情结就是不可救药的悲观主义者。的确，所有人类文明都是此起彼伏，辉煌完了就拉倒，凭什么光让你一个人辉煌个没完？可这也难说，快咽气的人了，不还有"回光返照"吗？依我看，虽然"新儒家"们预言未来的世纪一定是"中国世纪"，孔子的教导一定会红遍全球未必可信，但将来随着"MADE IN CHAHA"越来越多，中国的文化会比现在有更多人注意恐怕是顺理成章的事。

我担心的，却是另一

种前景，而且，另人不安的是，这种前景似乎比"新儒家"们设想的那种前景更有可能发生。这就是在经济全球一体化的带动下，在中国经济逐渐融入全球经济体系的过程中，中国的传统文化也将逐渐被全球一元化的文化吞没。那时的大部分中国青年就像现在中国许多都市青年早已如此了一样，和世界其他民族的青年再不存在任何文化上的差别。他们都讲一样的英语、听一样的歌曲排行榜、看一样的好莱坞电影、在观看完NBA的一场球赛后去一样的"麦当劳"吃一样的汉堡包。他们会对风靡当时的某个"世界级"歌星、球星的"命运星座"、血型、婚恋史、性嗜好、穿什么牌子的衣服、什么牌子的鞋了如指掌、如数家珍，但却不知道孔子是谁，更不懂那些连刘索拉在音

星期日，所有的人都去教堂，丹也请我去教堂听他们唱福音歌（Gospel）。合唱队有二十人左右，每人手里拿着打击乐，另有一个管风琴手和一个鼓手伴奏。牧师开始演讲圣经时，边说边唱，圣经变成了蓝调。那旋律上下环绕，快慢相间，上帝变得有血有肉，信仰在扭动中壮大。当牧师演讲到了一个高潮时，突然合唱队开始唱福音歌，全场人跟着音乐扭动。哪怕在宗教音乐中他们也会放松自己，而没让基督耶稣把他们的天性改变。这就是种族的气质，走到哪儿也改不了。非洲人到了美国，拿着白人给他们的乐谱乐器，唱出来的也还不是巴赫（Bach），而是蓝调、爵士（Jazz）、福音歌。不禁想起，在中国最能唱能跳的民族是那些我们汉人称为的"少数民族"。他们走到哪儿就唱到哪儿，跳到哪儿，而汉人把唱歌跳舞的事全当成演员的专职了，在日常生活中就完全对自己的身体没有感觉。有次我去北京的一个大学演讲，一个19岁的学生告诉我，他这辈子惟一的感情体现是

皱眉头。我们的文化使我们闭嘴，张开嘴时先要看看四周，等看完四周又没有什么可说可喊的了。我们习惯了抑制瞬间的热情，习惯了"三思而行"。就好比现在，大家都在音乐中如醉如痴，而我却在苦想着音乐的意义。我忘了胳膊和腿，只是"三思"。等我想到"而行"时，又发现教堂里其实热得很。我热得受不了，就离开教堂。大家都看我。不明白我为什么这么麻木不仁。

我也讨厌自己。

5月23日

丹带我去见"妈妈柔丝"。妈妈柔丝早年跟一个音乐家结了婚，生了一家子音乐家。我们去她家时见到她的一个儿子，菲尼斯·纽本。菲尼斯是个有名的爵士钢琴家，现在老了又生病，就回到他妈妈家休养。他又咳又喘，卧床不起。丹告诉他我是专门到曼菲斯来学蓝调的，我们将一起录音。问他要不要参加，他没表示意见，只是慢慢站起来，走到钢琴旁坐下来开始弹琴。他边弹边唱居然也不咳了。最后一个曲

乐学院都没学会的中国曲艺和中国戏剧。

但看了索拉对黑人文化生活的描写，我倒有了一点信心。既然黑人到了美国这么多年还保留着自己的文化，还在自己的文化基础上发展着自己的音乐，那么，中国人也应该在全球文化一元化的浪潮中找到一条保存民族个性、不使民族灵魂淹没的道路。

我们真该跟着索拉也到那个住满了黑人妓女的旅馆住上几天。

田批：

这段很有趣，很可能是本书中最具可读性的段落（我还没来得及看后头）。而且，尤其可圈可点的是这段描写还不像现在某些流行小说、三流电视剧一样，是为了叫座儿硬塞进去的，它在这里显得特自然、特熨帖、特合适。

俩人的语言也好，都那么文化。

我惟一拿不准的是：看完了这段戏，我是该鼓掌还是该擤鼻涕？我既不明白索拉是赢了还是亏了，也搞不懂是索拉的贞洁观战胜了黑人小伙子的"好时候主义"还是黑人小伙子用一种既赤裸裸、又"透着点高雅"、进退有方、"君子好色而不淫"的礼貌向这个东方女子显示了另一种文明；假如是索拉赢了的话，那么，究竟是因为索拉的"定力"高超还是因为小伙子的魅力不够呢？这起先危机四起但终于"一夜无话"的故事仅仅是索拉个人矜持的结果还是我们中华文明的伟大胜利呢？你看，索拉说："到了关键时刻我就说我是中国人……马上没人找麻烦。"

哈！中国人万岁！

子他弹的是首爱情歌，结果在一句浪漫的情话和一连串的浪漫的和声连接中。他看着我，手停在键盘上。这是很多黑人音乐家的演奏方式，他看的不是哪一个具体的女人，而是一个女人的抽象概念，女人这个概念使他们出灵感和活下去。所以菲尼斯看着我唱情歌的时候并不是对着我唱的。但对着我这么个陌生的东方女人唱歌使他忘了病痛。等他唱完，弹完了，他又马上开始咳，但还是说要参加我们的录音。

晚上去看一个关于奥特次·瑞丁（Otis Redding）的戏。这戏是在城里的一个旅馆里演的。这个旅馆以前是不许黑人进的。所以当黑人们在这个旅馆里演出他们自己的戏时，这事就显得格外隆重。所有黑人都穿着盛装。观众里只有一个白人是从英国BBC来的。再就是我这个黄人。看完戏，我们走出剧场，在电梯上，碰到一个白人女孩儿，她看着我和那个BBC英国人，问我们到曼菲斯来干什么，我们说来听蓝调，她大声说："我们有艾维

斯·普莱斯里（Elvis·Presley）。"说
时眼睛里充满对丹的挑衅。丹没说一
句话。曼菲斯的黑人与白人还是生活
在两个世界里。

　　丹的一个朋友开车送我回旅馆去。
在车上，他说"你来了一趟曼菲斯，应
该享受到好时候。我要给你一个好时
候。"我说"谢谢，我觉得我过得不错，
又看戏，又吃好饭，又跳舞。这不是过
了好时候了么？"他说："这不是。我

我与友人乐队在演出前校
对乐谱／1999

摄影／郭盖

要给你好时候。"我说："你给过了，还不够么？"他说："你不懂我的意思。我是要给你一个好时候。我要你记住曼菲斯，以后还要回来。""我会再回来，我会记住曼菲斯的。""你应该有好时候，我要给你，你不懂。"他看起来挺委屈。

到了旅馆，他说要到我的房间和我谈谈，我们就进了我的房间。他坐在房间那头儿，我坐在房间这头儿，他说："你不懂我的意思，我要给你个好时候，就是要和你做爱。"我说"你不知道我，我不知道你，我干不了。""干嘛要知道？不需要，重要的是，你是个漂亮的女人，我要给你个好时候。我要让你记住曼菲斯，我喜欢漂亮女人。""我有男朋友。"他哈哈大笑："你的男朋友又不在这儿。他现在没用，你能为了男朋友放弃性生活？"他看起来特别诧异。"你结婚了么？"我问。他说："当然。我每天早上跟我老婆说再见，然后在白天和我的女朋友过好时候，到了晚上再回到老婆那儿去。"他看起来放松又自信，一点也不内疚，还透着点儿高雅。我说："我可不行。咱们不一样，你看，我是中国人。"到了关键时刻我就说我是中国人。说自己是中国人象征着天生被骗了似的，马上没人找麻烦。他只是在告别时在我腮帮子上蹭了一下。

5 月 24 日

头一天在旅馆公共电话处碰见的那个叫何伯特的给我打了一个电话，说他病了，需要钱买药。他先是问我要不要一个长途电话手册，他说他可以给我一本，然后他就说他需要 20 块美金买药。我一边觉得他是用长途电话本诈骗外加用生病欺

骗，一边又觉得应该治病救人。于是下
楼去换钱。换钱时我问旅馆老板这事
他怎么想，他看着我像看着一个笨蛋，
但他没说话。我抖着两腿去了何伯特
的房间，他的房门是半开着，我敲了敲
门，他说："进来。"我进去了，他背冲
着我，光着脊梁，正欣赏他的肌肉。我
说："你要的钱在这儿。"他转过身，从
桌子上拿起一个瓶子，里面是白色药
面儿，他说："这就是我需要的药，我
需要更多。"我一看就明白了，中国人
本性又出来了，心想这类人我最好躲
着。于是毫无好奇心地赶紧说："祝你
早日康复。"说完赶紧逃跑。

5 月 25 日

　　早上吃饭的时候，我见到何伯特。
他手里拿着钱买饮料，但完全没有还
我的意思。他走到吃饭的桌前坐下，说
他要去伦敦了，等他到了伦敦会还我
钱。我还没说话，他见我不相信，就写
下他的名字，说我应该在伦敦看报纸，
报纸上会登他的乐队演出的消息，等
我在报纸上找到了他的乐队消息我应

田批：

　　看了这段，我忽然想
起一件发生在我身上的类
似的事，说出来，似可作
一个"中外比较研究"。前
些时候，出版社为我的散
文集《历史的性别》在西
单图书大厦搞签名售书。
一个外表平常、态度诚恳

的男青年在我签过字后一定要我留个电话。他看出我不情愿，便说："我从农村来，在北京打工，正在研究《易经》，写了点东西，想跟您请教。"所有写文章的人，都打年轻时过过，碰巧，我也对《易经》有兴趣，人家又是个农村青年，不容易。于是，我就给他留了家里的电话。

第二天，他就给我打电话，自称叫张会杰，又说了一遍从农村只身来北京发展，很喜欢写作，云云。话不长，说完便很有礼貌地问："您是不是现在很忙？"我说："是，正在写东西。"他就说："那就不打扰了。"在以后的两个来月里，他还来过六七次电话，大概相隔七八天左右来一次，虽然一句《易经》都没谈，但每次时间都不长，都是问我忙不忙，我只要一说忙，他就"不

该去看他们的演出，到那时他会还我那20美金！我说那钱我送他了。心里希望早点儿离开旅馆。

白天的曼菲斯充满睡意，下午丹和他的朋友凯文开车来接我。凯文是菲尼斯的弟弟，一个有名的吉他手，年轻时和很多音乐高手合作，现在在曼菲斯大学教吉他。年轻时他吸毒成瘾，他的漂亮妻子就因吸毒过多而死。他现在戒了毒，信了佛教，喜欢《西游记》。

我钻进汽车，凯文说："昨夜我做了一个梦。"我问什么梦？他说"一个湿梦。"边说边调皮地看着我。我问什么叫湿梦？他说："到处都是水。"我说："噢。"他笑着说："这说明我需要女人。"我心想，又是这个。嘴里却假装听不懂地说："真的？"

我们去低音吉他手家排练，天热得要死，屋里没有空调。到处是土，一架老钢琴，几件老乐器，一个老沙发，一张老地毯，几张老照片，全罩着土。一个帮着呼吸的管子从低音吉他手的脖子里伸出来。所以每次他呼吸时，随着沙沙的音响，他嗓子里的痰的气息和

胃里的气息就都从管子里冒出来。伟大的医学!

　　低音吉他手不停地给我讲解什么叫蓝调。什么叫蓝调,我越来越糊涂。他们几个退休的老音乐家,在这座充满热气、灰尘、人体呼吸和历史的旧房子里出着汗,摸索着琴弦,摸索着我给他们的旋律,在陌生的旋律里找他们自己的声音。而我在哪儿?

　　热啊,我昏昏欲睡。

5月26日

　　丹打电话来,说菲尼斯死了。我愣在那儿,不知说什么好。今天乌云压顶,眼看着要刮台风。

5月27日

　　因为菲尼斯的死,排练停止了,我在旅馆里昏睡。正睡着,听见门响。我问是谁?没人回答。我起身到门前,见门开了。这是扇通向另一房间的门,打开这扇门,还有一扇门属于另一房间的,那扇门也开了。我问:"谁在那儿?"没人回答。我干脆过去到另一个

打扰了",让我觉得此人起码不那么讨厌。

　　大约前十来天,一大早,他就来了电话,语气依然那么平稳、礼貌。他说:"田老师,我有件事麻烦您。"我问他什么事,他就说他弟弟昨天吃了一包变质的榨菜,肚子疼了一晚上,现在正在医院,想找我借点钱。我下意识地问:"多少钱?"他说:"500元就行。"他听我略显犹豫,立刻就说:"田老师,您听我给您讲个故事。当年沈从文刚到北京来的时候,也没钱,是郁达夫借给他的钱,以后……"我一听这个便有点烦,说:"对不起,我不是郁达夫,你也不是沈从文。"他听我似有不悦,马上说:"您看,我在北京举目无亲,××报社又扣着我的稿费不给,我实在是没办法了,您先借给我,我以后一定还

您。"

我当时对他的话是有点半信半疑，但又一想，万一人家是真的遇到困难了，怎么办？你总不能见死不救吧？中国的知识分子，在这样的时候大概总会做宁可人负我而不愿我负人的选择。再说，500元钱又不是太多（不过，也是我这个教授工资的一半了）。惟一让我感到难办的是我尚明白不能让他来我家取钱而我正在赶一篇稿子又实在没时间给他送去。还是他有办法，他说："您家附近有没有什么大厦、大饭店，好找，我们在那儿碰头。"于是，我就和他约定在一家离我家不太远的饭店见面。

放下电话，忽然觉得还是应该有点"组织观念"，于是就给已经上班的太太打了个电话。我刚一五一十说完情况，太太想

房间看看，那房间没人。我回到我房间给警察打了电话，警察来了，没找到任何人的痕迹，却发现我这边的门是刚撬开的。旅馆让我马上换房间。

5 月 31 日

半夜时我的电话铃响了，我拿起听筒说："喂？"那边说："耶。"我问："谁呀？"那边说："我是吉姆。"我说："我不认识你。"他说。"耶。"声音低沉。我没说话。他说："我在楼下等你。我想你。"我马上挂了电话，给警察打电话。警察说，这回他们不来了，要等着真出事才来。我用所有能挪动的东西把门顶上，把我的旅行用的小刀小剪子都拿出来放在床头，心想，谁要是这会儿进来，我就敢杀人了。

6 月 1 日

我一夜没睡，直等到太阳出来才敢闭眼。到了晚上，维吉尼亚带了一个她的朋友来找我玩儿，他们约我去跳舞。我虽喜欢跳舞，但经过这一夜的虚惊，是什么心情都没有。我说我哪儿都不

想去，那小伙子就问："你对我们黑男人的生殖器感兴趣么？"我立刻又受惊，马上驳回一个"不"字。自从来到曼菲斯，什么事都跟生殖器有关。我说完"不"，他还不打住，又说"这么长。"他边说边用两手比画。好像见我受惊挺好玩儿似的。我干脆把他推出门外，他们大笑着走了，对他们来说，我可能是一节干木柴。

6月2日

我把自己锁在屋里不出去了。我要发疯。我不要见任何人。

白天的曼菲斯充满睡意，到了晚上大家就精神头儿全来了。人人穿戴鲜艳，到舞场、到酒吧、到旅馆去找刺激。尤其是女人们，两眼放着光，浑身冒着性感。而我，在深夜里了，躺在床上看着所有出来活动的虫子。一只潮虫，正在我顶头上的天花板上爬，我看着它想，你可千万别掉下来！正想着，它就掉下来了。它正掉在我脸上，我跳起来，又挥胳膊又跺脚，想把它抖掉，可它却又失踪了。为了找它，我又陷入恐怖

都没想就说："这是个骗子！"

女人的直觉，有时候真的比男人们的理智更可靠。但我还是说："要是万一……"太太打断我的"万一"，说："没什么万一，你想啊，要是你找别人借钱，你会给别人讲郁达夫的故事吗？再说，你会找不认识的人借钱吗？"这一句话，如醍醐灌顶，让我如释重负。将心比心，前些时候，我还真找朋友借过钱，我真切地记得我当时是多么不愿意张口，而且，还是朋友。我说："那怎么办？我已经约了他到××大厦。"太太向来遇事不慌，说："你甭管了，一会儿我给你打电话。"

真就一会儿，太太的电话来了，她说：我已经跟《北京青年报》的热线服务部门联系上了，人家说你给我们打电话是太对

了，我们知道许多类似的诈骗案。他再找你们，就让他给我们打电话，如果他真有困难，你一个人的力量也小，我们可以发动全社会帮他。如果他是骗子，也让他来找我们，我们有办法。

刚撂下电话，那个自称张会杰的就来了电话，他兴冲冲地说："我现在在奥体东门，你说的那个大厦没找到，你就把钱送这儿吧！我在这儿等你！"也许他觉得马上就能拿到钱了，所以语气有点变化，似乎那钱是他的，我是去还他钱。

我当然"按既定方针办"，给了他《北京青年报》的电话号码，建议他去那里寻求帮助，并礼貌而坚定地告诉他这是我能够给他的所有帮助。他从此再没有来电话。

这件事不大，但让我起码总结了三个重要教

了。楼下，音乐大起，黑人男女们正在尽情享受生活。过了一会儿，我隔壁的房间里来了人，充满笑声、做爱声。

"你应该有个好时候。"

我却只是出汗、出汗。

6月4日
北京，北京。

6月5日

今天天气特别热。我和曼菲斯的蓝调音乐家们进录音棚录制我的新歌《再生》。录音棚是在城里一条破旧冷清的街上，录音棚很小、简陋。但休息室里有可口可乐的销售机、巧克力销售机、喝咖啡的塑料杯等。音乐家们陆陆续续地到了，他们开始试奏。我的旋律是用中国戏剧唱腔和蓝调节奏写成，歌词是我用英文写的。凯文用这个旋律奏出了一段非常有蓝调色彩又充满美国50年代风格的吉他独奏。没有造作，没有炫耀，只是韵味十足的音乐。这时是美国的下午，是中国的凌晨，北京的街道，肯定寂静。我开始唱：你是

我的天堂……

这首歌是我为中国写的。用英文唱中国风格的旋律使嘴很难放松，我觉得嘴发紧，就请录音师停下。丹问我："干吗停了？"我说："唱得不好。"他说"挺好，你得让你自己放松往下走。我们不再在中间停了，接出来的录音不自然。"

这下真练我。错了也不能停，也就不能错了。万一要是错了呢？就得闭着眼睛一气儿唱到底，对错全豁上了。

训，写下来与诸君共享：

1. 别随便给不认识的人留电话、名片。

2. 对自称研究《易经》的人，要警惕。

3. 加强组织性、纪律性，有事多向太太请示汇报。

唉，索拉当时如果能给我太太打个电话，那20美金就可以给自己买烟抽了。

《蓝调在东方》、《中国拼贴》的音乐制作人比由·拉斯威欧(Bill Laswell) /2000 /摄影 /洪惠瑛

到了该即兴的时候，就得抡圆了往外冒句子。这对美国黑人来说是小菜，对我这个在中国大陆长大的人来说，是豁命。在我受的教育里，不放纵是美德，左顾右盼是自然。而放纵与不顾一切是唱蓝调即兴的根本。保持平衡就没有蓝调，蓝调是生命力的体现。

我张大嘴开始在音乐里奔跑。
"你必须当个孩子，
你必须……必须，再生——"

与佛南多（Fernando Saunders）
在北京爵士音乐节 / 1999
摄影 / 郭盖

Chemistry of Blues
蓝
调
之
缘

丹加入了我的演唱。我突然觉得可以放纵自己了；可以喊了；喊出来的声音有点儿骨头了。我能觉到蓝调在慢慢地进入我，黑人的放纵感、黑人对身体的热情、黑人对悲哀的挣扎……但只是那么一会儿，我就又从那放纵中出来了，孔子的灵魂又复回，我对丹说："我唱错了。"

丹说："错了有什么了不起？我就喜欢错。错了说明自然。"

他没有让我重来。

什么是蓝调？也许等到我真正能同时又跑、又停、又笑、又哭、又爬上、又掉下、又美、又丑、又自控、又放纵的时候我才能懂。你得在生活里摇摆、呼吸、抽泣、再摇摆、再呼吸、再大笑、再摇摆、再呼吸、再喊叫……
……

1993 年 10 月。纽约。(《蓝调在东方》录音记录摘抄)

今天是轮到欧马进棚。这一个月来我的《蓝调在东方》的大部分音乐都录

佛让 (Pheeroan aKlaff) 在北京采购乐器/1999

摄影/洪惠瑛

完了，就剩下独唱部分了。欧马是个美国黑人诗人，他在这部作品里是用英文讲故事的人。他讲故事的风格是极有黑人特色的蓝调吟诵和 Rap 力度的混合，是个很有演出才能的诗人。他现在正越来越走红，所以不免时不时地要显出他的忙。前几天该他和我排练，我等了他一下午，到了晚上，他打电话来说他忘了。我仍是等他晚上来了，来之后我说，欧马，当诗人和当音乐家不一样，你要是想跟音乐家合作你就得

尺八演奏家 Ralph Samuelson

准时。他说，我太忙，我有电视采访……就冲他那么强调他的重要性，今天他一进棚来我就让他在边儿等上了两个小时，等我和录音监制比由忙完了——我们故意把一些事安排在他来了之后，比由说得让他懂得世界上不只是他一个人忙——才叫他开始录音。欧马像个大孩子似的等着，等到了他该录音时，又发现因为他没时间排练，他得临时修改他的朗诵词。他的确是朗诵得好，一张嘴文字就变得有腔有调，初次听他的朗诵使我想起曼菲斯。他的朗诵中的长音短句使人兴奋，今天仍如此，但到了最该紧张的时候他说他累了。

我说："欧马，这是你的高潮，我要你作出来。"

他又重复录音，还是不行。

我说再来，他又重复录音，仍不行，他说他累了，他能做的都做了，他不干了。

比由和录音师包泊建议结束，他们开始做收尾工作。

我对欧马说："你必须再来，我要让你有个高潮。"这回我用的高潮二字不是音乐上用的术语，而是性交时用的。我想起在曼菲斯的生活，想起黑人音乐中的骨血。

他说："那就是我的高潮。"

我说："听着不像。"

一听我们这种对话，旁听他录音的其他诗人都兴奋了："嘿，欧马，你听见了没有？你得全湿了才行。"

录音又重新开始。这回欧马成功了。大家都为他的"高潮"而兴奋，除了他自己。这回该我安慰他了，我问："你感觉怎么样？"他不说话。他的朋友说："男人不喜欢高潮，来完了

我在英国武麦得 (Womad) 音乐节录音周
／1991／摄影／Womad 音乐节摄影家

就没事了，你看欧马，他来完了，无事
可做了，不高兴了。"我说："怎么没事
做？欧马，你可以去外面洗个淋浴。"
他们先都一愣，然后都哈哈大笑。

"她坏呀！她和我们黑人一样。"他
们说。

在这儿，人要是说你坏是夸你。

好不容易的，我终于坏了。

蓝调是什么？人说，蓝调不能问，你一问是什么，你就永远不知道是什么。蓝调是美国黑奴从非洲带来的，黑人代代唱蓝调，唱"当你沉沦，就没人知道你了"，唱"大声说，我是黑人，我自豪"，唱"变化就要来临"，唱"老人的麻烦"，唱"我一直在爱你"，唱"我只要与你做爱"……蓝调使黑人们在贫困中看到欢乐，在卑微中找到骄傲，在绝望时找到发泄，在怀旧时感到非洲。一把吉他，三个乐句，每句四小节，简单的音乐结构，直率的歌词，谱子上没几个音，说的都是大白话，比如"试试我"

美国

黑人音乐

Random Notes on African American Music 漫谈

美国
黑人音乐漫谈

蓝调是美国音乐的母亲

——B·B·King

　　蓝调是什么？人说，蓝调不能问，你一问是什么，你就永远不知道是什么。蓝调是美国黑奴从非洲带来的，黑人代代唱蓝调，唱"当你沉沦，就没人知道你了"，唱"大声说，我是黑人，我自豪"，唱"变化就要来临"，唱"老人的麻烦"，唱"我一直在爱你"，唱"我只要与你做爱"……蓝调使黑人们在贫困中看到欢乐，在卑微中找到骄傲，在绝望时找到发泄，在怀旧时感到非洲。一把吉他，三个乐句，每句四小节，简单的音乐结构，直率的歌词，谱子上没几个音，说的都是大白话，比如"试试我"。但当音乐真起来了，就不再那么简单了，你能听到从灵魂中哭出来挣出来的声音，那声音时而爬上，时而掉下，时而呻吟，时而嚎啕，时而乞求，时而放纵。它不是在谱子上，而是在音乐家身体里。这种演奏可以从豪林·沃尔夫（Howlin·Wolf），朱尼·威尔斯（Junior·Wells），杰母斯·

　　我和爱米娜互称"灵魂姐妹（soul sister）"。认识她已经七年了，初次是看到她那张慑服人的照片，然后见她走进录音棚，一口气吃了两个麦当劳。她在管风琴前坐下，手下出来一串惊人的音符，却忽然鼾声大作，可手下的音乐并没断掉。我过去，用手指往她头顶上灌了五股气，她醒了，跳将起来，冲我作揖。从此我们就成了"灵魂姐妹"。和别人上台演出我的作品，我总是要担心，怕台上的意外，怕音乐家不理会我的企图，怕音乐家和我的交流有障碍……等等。心里总要做好给别人垫底的准备。但只有和爱米娜上台时，我一见到她就要笑，一笑，万事皆易。一种温暖放松的感觉从头上流下来，到脚底。居然有几次，我对演奏钢琴的心理障碍顿消，也跟着爱米娜在台上充当了几次第二钢琴手，但如果没有她在场，打死我也不敢当众演奏钢琴（这是我一辈子的心理障碍，虽有童子功，但手指一到琴上就泄气）。爱米娜总是在鼓励我，她总是用友好和光亮的态度来对待音乐和音乐家。虽然她早上从来不起床，到了晚上才开始活动，但身上却有股太阳似的暖气，可以使人顿时无愁。我发现有时候早起晒太阳的人不见得比一天不见阳光的人更光明，也许是因为有些人身上自带阳光？ 如今，在艺术成了商品、音乐家们互相残杀的时代，有爱米娜这种人在世上，称性录像的演员为"艺术家"，对中国饭馆的服务员作揖，说说："虽然我不富有，但上帝在保佑我……你这个新来的宝贝儿……上帝保佑你的心……"等等，音乐因此而有生命力。

布朗(James·Brown), 奥特斯·瑞丁（Otis·Redding）等音乐家的演奏中听到。

　　有个故事说，早年一个白人牧师去黑人教堂演讲，看到黑人便唱赞美歌，边跳边拍巴掌，觉得亵渎，就叫他们手脚不要动，只唱就行了，结果黑人们倒是不拍巴掌不跳了，可边唱边扭。那就是黑人创造的宗教音乐——赞美歌蓝调（Gospel Blues）。在黑人教堂里，黑人牧师讲圣经时是用蓝调唱讲，合唱队唱的是有摇摆节奏的赞美歌。赞美歌蓝调使黑人们感到上帝与他们接近，他们相信上帝也会听到他们在生活中的呻吟与哭泣。后来有些受了白人音乐学院训练的年轻黑人音乐家回到家乡居然完全不能胜任赞美歌蓝调教堂演奏，因为只要有蓝调在，音乐就必须是从身体中来而不是在谱子上。蓝调给予音乐家与学院派音乐完全不同的训练技术。灵歌（Soul）歌唱家艾瑞萨·弗蓝可林（Aretha·Franklin），把赞美歌音乐中的明朗舒展与蓝调的美妙忧伤融在一起淋漓尽致，听她的唱与看她唱的谱子是两码事，她把生命和身体放进了那些乐谱。

　　蓝调从古老的思乡梦中越走越远，走进了欧美白人的交响乐、歌剧、百老汇音乐剧、摇滚乐里。它缠绕在德沃夏克（Dvorak）的"新大陆"、格士文（Gershwin）的歌剧《波吉与贝斯 Porgy and bess》中，又使麦尔斯·戴为斯 MiLes·Kavis 用萨克斯风、吉米·罕瑞克斯（Jlmi·Hendrlx）用吉他作为他的忠实传人。最早的美国白人摇滚歌星猫王（Elvis·Preslry）的音乐大大受了蓝调音乐的影响，他生在蓝调大本营曼菲斯（Menphis），又出身贫寒，与他生活最接近的音乐

田批：

这真叫人尊敬：为了增加艺术感染力，居然"把嗓子故意喊破"！

所有的表演艺术，从歌唱到影视表演，大概都可以分为三个层次：最低级的，是表现自己的虚荣心和肉体、外貌；第二个层次，是表现技术；最高的层次，是表现艺术，表现人的心理和灵魂，而且，为此不惜牺牲前两者。过去，我一直对称巩俐为"表演艺术家"持审慎态度，直到有一天我看到她在《秋菊打官司》中挺着大肚子、脏头灰脸的样子之后，我才觉得她是个艺术家。她在银幕上是在"表现"角色的"真实"，而不是她自己的窈窕。而当我看到有些影视作品中的女游击队员竟然在枪林弹雨炮火硝烟中依然服装整齐甚至直到牺牲前唇上依然闪烁着

是黑人的蓝调。后来很多美国白人歌星为蓝调发疯，比如嬉皮女歌星简尼斯·乔普林（Janis Joplin），她把蓝调的疯狂情欲带给被震惊的白人文明社会，为了加大那种放纵，不惜把嗓子故意喊破。但我感兴趣的是那不可捕捉的蓝调神秘，无论是猫王还是乔普林，包括众多的杰出蓝调音乐家，他们在年轻时不顾一切地尽情放纵了一番后就都早夭。那放纵是不是由蓝调引发到极端？是不是蓝调使他们更疯狂？是不是蓝调使他们更悲哀？是不是蓝调使他们骤然腾向情爱的高潮又不留余地地摔进绝望的自弃？是不是蓝调让他们尽快地燃烧尽情地享受在瞬间发泄所有想哭想笑想嚎想吟想抒情想蹦跳的种种欲望之后，就燃尽成灰，随风而去？监狱里的黑犯人唱起蓝调时也出诚恳之声；蓝调音乐家宁肯穷困潦倒也不会跟着时代改调；教堂里的人唱着蓝调感应上帝；堕落的人唱着蓝调能找到理解；黑人唱白人也唱，一曲《变化就要来临 A change gonna come》由奥特斯·瑞丁唱出

来，一直唱到了越南战场上，又跟着反战的队伍传唱下来，不同种族的歌手唱出来成了不同版本。"我生在河边上，一个小帐篷里，就像那条河一样，一直奔走不停，时间漫长，变化就要来临……"

世世代代，蓝调给爱上它的人们施展着魔术。

唇膏的光艳时，我真想打听一下这个导演的来历。

真正的艺术家值得尊敬，因为他们为了艺术可以献出自己的一切。

摇滚的灵歌

灵歌是黑人音乐中的主流

灵歌（Soul），灵魂歌曲之意，大约产生在1949年之后，也可以再往后推几年，但1949年对我们大陆人来说是个好记的日子，因为我们那时正是在改朝换代的时候，美国音乐在那时也正在换代。在哈佛音乐大辞典中，灵歌的解释是"一种美国黑人流行音乐……充满了音乐与音乐性控制……很好的排练……运用……蓝调……赞美诗……"看了这种解释，你能想像出什么来？尤其是1949年后在社会主义时代出生的我，想像力到了文工团就

佛让（Pheeroan aKlaff）在录音前烤鼓皮以调音 /2000/ 摄影 / 洪惠瑛

停止了，我联想到文工团对农民歌唱
家的培训！是不是山西民歌，湖南、湖
北民歌，被作曲家们重新编配好，把从
地方上、村子里选拔出来的歌手重新
训练一番，那些民歌就算灵魂歌曲？
慢着，在细听灵歌，把灵歌的不同种类
对比着听，那些音乐告诉我灵歌的故
事没那么简单，还得真坐下来琢磨这
段黑人音乐史。灵歌包容很多种音乐
形式，它是黑人音乐中一大主流。灵歌
不仅是训练好的黑人歌曲，而是黑人
音乐进入白人主流文化的斗争成果。
灵歌一直可以把后来发起的一些Pop
和Rap等音乐都包括进来。从瑞·查
尔斯（Ray charles）一直说到汗墨
（MC·Hammer）！因为这音乐发展史
已不仅是简单的音乐史，而是充满了
世界文化斗争的细节，因此批评家们
判断灵歌音乐家的准则也有点儿复杂。
简单地说，凡保持了黑人音乐个性与
传统的，不管是什么新形式，都可以罩
上灵歌的光环，但一个黑人音乐家要
步白人后尘，就只好出圈儿。比如著名
Pop歌星威尼·豪斯顿（Whitney·

田批：

这是一个大问题。中
国当今音乐界的大部分
毛病，都可以从对这个问
题的分析入手解决。

把地地道道、土生土
长的民歌"文工团化"，是
本世纪40年代开始的大
规模的文化行为。当时，
一大批受过西洋音乐教
育或西洋音乐影响的青
年知识分子为了民族解
放的崇高目的走入民间。
他们把在民间收集来的
民歌小调或填上革命的
歌词，或按照他们的审美
习惯加以"提高"，其中
最有影响的便是后来被
称为"西部歌王"的王洛
宾。他们的努力，使当时
一批过去只流行于荒野
深山的民歌从此流入城
市，流传全国，甚至漂洋
过海，成为至今仍被亿万
民传唱的名曲。但也为其
后在相当长的时间里为

与佛南多 (Fernando Saunders)
在录音间 /1997/ 摄影 / 洪惠瑛

了政治和其他目的随意篡改民间艺术打开了大门。

　　50年代后，"文化馆化"代替了"文工团化"，但是，为政治服务及用知识分子的审美趣味来"提高"民间音乐的做法却没有改变。此时，随着中国成功地逐步进入了工业化社会，整个社会的价值观念有了整齐划一、翻天覆地的改变。从"五四"开始的对"科学"的推崇，此时已深入人心。对科学的信仰，代替了对宗教的信仰。在科学主义和西洋音乐的双重影响下，过去在农业社会产生的地域化、个性化、自然的审美趣味渐渐被工业社会的以大为美，以规范化、科学化为最高标准的美学模式取代了。民歌的乡土气与原来自然的、各具特色的歌唱方法被认为是应该"改造"、"提高"的对象而逐渐消失了。一种成功地

Houston)，一些批评家认为：试图超越颜色——就失去灵魂，因为她的音乐与白人的Pop大同小异。但即使麦克·杰克逊（Micheal·Jackson）把皮肤全弄白了，不想再让人拿他当黑人看，他还是没被灵歌史放过，因为他曾是著名的灵歌童声五个杰克逊（Jackson5）中的一员，这段光荣史使他有幸（或着对他来说是不幸？）无法忘掉他自己曾经是黑人。

从蓝调变 Rap

　　说灵歌是起源于训练有素的蓝调也有道理。因为在50年代时，自从有了电声乐器，有了早期白人摇滚乐，音

乐节奏突然劈头盖脸而来，尽管摇滚乐是受了黑人音乐的影响，但它是白人青年狂热爱戴和发展起来的，它使黑人的传统音乐受到了商业挑战。唱片商把黑人音乐随机做了简化，相应照着摇滚的路数泡制。蓝调的散漫自然消失了。在这时候，黑人惟一保持自己个性的出路是在有局限的结构中自由发挥。领头的是瑞·查尔斯（Ray Charles），他想出了一种既有时代节奏又不失黑人本色的音乐，灵歌。灵歌音乐保持了黑人音乐中的演唱技巧和旋律性，与摇滚大不相同但因为在节奏、结构与配器上和摇滚有共同之处，就有了和摇滚同样的娱乐性。灵歌是一种既有音乐真实性又有娱乐性的音乐，它没有墨守成规走传统音乐老路，又没有在现代的媒介化音乐中丧失个性。它跟着时代的变化加上摇滚，变成Pop、Fank、Rap……但无论怎么变，黑人的灵魂都在其中喧嚣。

面对白人文化时的自我肯定

　　瑞·查尔斯把摇滚带进黑人歌曲

将"民族味道"与意大利歌剧发声方法结合起来的歌唱技术受到广泛欢迎并被称为"科学唱法"，最终成了中国歌坛上的"正统"。在中国，似乎没有任何一种歌唱方法像所谓"科学唱法"一样获得过这么多人的欢迎；也没有任何一种歌唱方法像所谓"科学唱法"一样这么快就让老百姓听倒了胃口。80年代之后，电视的普及、音乐学院的推广和一大批歌手的模仿使所谓"科学唱法"铺天盖地。一时间，人们打开电视便是这种标准化的、一模一样的声音，以致你不看电视屏幕，就不知道是谁在唱。这种"饱和式轰炸"谁也受不了。而且，工业化的进程还没有彻底完成，信息社会的美学观又已先声夺人、引领时尚了。人们开始回归自然、崇尚个性、鼓吹多元化。当窝头和大葱蘸酱在"绿色食品"的口号下登陆大饭店的食谱时，当首饰店写着"自己动手，做只属于你的饰品"的柜台前挤满了时髦的小姑娘时，像罐头一样规范、科学、正确的"科学唱法"注定会像罐头本身一样受到冷落。

科学伟大，科学为人类带来了历史上从没有过的舒适、方便和翻天覆地的变化，但，科学不是一切，艺术也不是科学。艺术与科学是人类认知世界、把握世界的两种不同方式。就像人的视觉与听觉一样并行而不悖，没有高下之分、尊卑之别，既不互相排斥，也不能互相替代。在人类发展与进步的整个历程中，艺术与科学就像两个互相独立又互相辉映的巨大星群，横亘在人类文明的穹顶之上。

时，严守了黑人的音乐传统和老式的爵士乐歌曲的风格。而"灵歌王后"歌唱家艾瑞萨·富兰克林（Aretha·Franklin），让古老的蓝调旋律在她如琴弦似的歌喉中，高低起伏，犹如提琴一弓拉成，蓝调的传统到了她那儿，又好像一个带了长线的风筝，直飞天上。下面的线接着赞美诗音乐的地气，上面的风筝轻松平滑地在顶高处飘。她唱的《黑暗中的灵魂》（Spirit in The Dark）一曲，把热火浑厚的赞美诗风格与摇滚节奏融合，令人不仅手舞足蹈且百听不厌。奥特次·瑞丁（Otis·Redding），承袭和夸大了蓝调音乐的浪漫旋律感，生死都保持了永久的浪漫情人形象，无论他唱爱情还是唱生活，都怀着初恋般的忠实热情。在他的音乐里，优美的旋律一个接一个毫不吝惜地往外冒。跟他一比，杰姆斯·布朗(James·Brown)更疯狂、粗野，更无视社会，更要Fanky。他大喊大叫着：Make it fanky! 他扑通一下跪倒在地，不起来，声嘶力竭或野蛮地恳求：试试我（try me）……他的爱情透着粗野和玩世不恭，像个淘气的孩子，而那疯狂与玩世不恭其实也从蓝调传统中来。他的名曲《性机器》（Sex machine）使当时的听众惊讶。他用了早期摇滚乐的做法，反复地重复乐句，与黑人传统中的大旋律风格很有差异。到了斯第威·万得（Stevie·Wonder）的出现，以优雅、漂亮又机智的旋律，发展了灵歌，把灵歌带进了更丰富的音响与和声变化中。斯第威的音乐既保持了黑人音乐的风格，又使传统加入了新鲜的活力，没有以往蓝调的伤感和黯淡，也没有Fank的毁灭性。黑人音乐中常用的直接爱情语汇在他的音乐中变成了"生活中的阳光……眼睛中的苹果……"安尼塔·贝克（Anita·Baker）用圆滚滚的声音把黑人爵士乐唱法融进灵歌中，他的声音与音符滚动在一起，像一个漂亮的球儿，滚过来，抓不着，若隐若现地说："给你我最好的"而五个杰克逊（jackson5——jakie、tito、jermaine、marlon、michael.jackson）唱着"buh, buh,buh,buh,boo ……你到学校去学

从本质上讲，艺术与科学都是人类对现实的反映，但从反映形式上说，这两者恰恰是相反的。一项科学成果被承认，必须在相同条件下具备可重复性，而一件艺术作品被承认，必须与众不同，具有独特之处。规范化是工业化大机器生产的捷径，却是艺术创造的死敌。黑人的音乐能够具有如此巨大的魅力，就在于它的独特、自然、不科学。

佛南多在录音《蓝调在东方》时演奏他特
殊定做的低音电倍司／1993／摄影／刘索拉

习的女孩儿，一些事你从来不知道……"他们把街上年轻人的生命力带入到灵歌里来。有人把 Rap 明星 MC·汉默 MC·Hammer 算成灵歌的又一个时代的演变，也不无道理。因为汉默的演出是很有黑人传统的。记得看一个关于美国黑人舞蹈家尼克拉斯兄弟（Nicholas Borther）的纪录片，老尼氏兄弟俩尽管很不欣赏如今音乐电视（MTV）中的舞蹈，说音乐电视充满了剪接，没有真功夫，但两位舞蹈大师惟一能容忍的是汉默。他们说汉默是继承了黑人的传统舞蹈。简言之，灵歌不仅是一个音乐形式，而是一种意识形态，是黑人在面对白人社会与白人文化时对自己的自我肯定。

再说灵魂

看灵歌的历史，想我们每人在各种专业的位置、想我们每人在社会中的位置、想我们每个种族在历史中的位置……都和灵歌的道理一样，有灵魂者，就是灵；没有的，没辙。

早期爵士音乐（一）

横跨专业与大众音乐两领地

爵士音乐是美国黑人对世界音乐史的巨大贡献。它在短短的一个世纪中，发展成了一个巨大的乐派，横跨于专业音乐与大众音乐的两个宽广领地，影响着多种音乐形式与众多音乐家，也同时是一种对外界各类音乐的形式都开放的专业音乐。

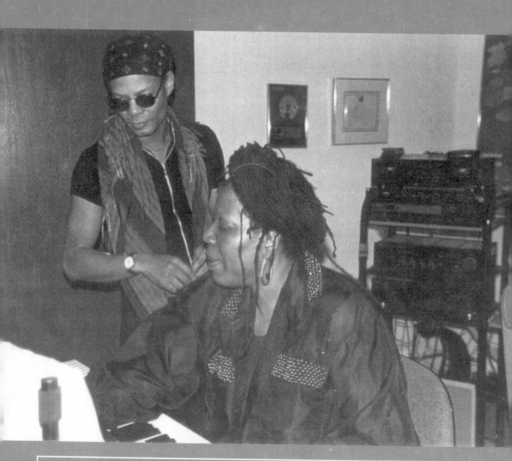

爱米娜（Amina C Myers）与佛南多（Fernando Saunders）在录音《缠》／1997／摄影／洪惠瑛

爵士音乐的主要特点是即兴演奏和摇摆的风格，它从黑人的蓝调发展出来，保持了蓝调音乐的起伏和丰富的音色变化，保持了黑人灵歌音乐的呼应特点。由于它的成员都是杰出的演奏家，大多杰出者又都兼是作曲家，他们既没有保守的传统作曲概念又有即兴演奏发挥的能力，使这个乐种发展极快，如今再只是美国黑人的传统音乐的延续，而成了包含着传统欧洲音乐音素、印象派音乐音素、拉美音乐、摇滚音乐、非洲音乐等各种外来音乐音素而又具有极强个性的大乐种。

无师自通

爵士音乐家是通过演奏来完成他们的个人音乐风格的。刚开始的乐思往往很简单，在演奏中时掺入演奏家的思想与情感——准确地说是个性。加上每人的演奏风格和方式，渐渐地完成了一个作品。这种音乐形式要求音乐家有民间乐手的敏感听觉和记忆力，而不依赖看乐谱，演奏思维绝对要灵活。老一代的爵士音乐家在音准上也

田批：

在艺术上，"无师自通"指的是没有一个固定的、被当时的教育体系和社会认可的具体的教师，尤其是指没有受过正规、正统、按部就班的教育，不是"科班"出身，而不是真的没有"老师"。对学

音乐的人来讲,音乐会、唱片、同伴的演唱演奏其实都是"老师"。对有天赋的人来讲,"老师"就更多了,"人法地,地法天,天法道,道法自然"。伶伦在昆仑山闻凤凰之鸣而制律,伯牙于蓬莱山听海涛汩没、山林幽冥、群鸟悲号而琴成,虽然都是传说,但也说明"道法自然"一直是优秀艺术家成长的独特道路。

不是过分苛求的,从一个音很自然地过渡到另一个音,或是很自然地和声过渡或一系列的滑音颤音等,常常造成自然的不经意的离调。这些都是后来受了学院派训练的爵士音乐家不易做到的,后者往往缺少老一辈无师自通的灵性,把爵士音乐作为专业出路。

贫苦在音乐中无痕迹

杰出的爵士音乐家众多,我们先从本世纪初的两位爵士大师路易斯·阿姆斯特朗(Louis Armstrong)和杜克·艾林顿(Duke Ellington)说起。

阿姆斯特朗出身贫寒,他父亲在他小时候弃家出走,他母亲带着孩子们在充满黑人妓女的贫民区生活。母亲也常出去做妓女,这使阿姆斯特朗从小对生活有不安全感。但他居住的环境使他接触到酒吧的舞蹈音乐和蓝调。少年时期他开始演唱,受到耳音训练,后来他又借来小号自学演奏。经第一代的爵士大师肯·奥利佛（King Oliver)指点和把他介绍给公众,从此成了公认的天才演奏家。他的读谱能

我的好朋友打击乐家佛让(Pheeroan aKlaff) 在北京乐颠了/1999/摄影/洪惠瑛

力在当时的爵士音乐家中很少见。阿姆斯特朗是在公众媒体中成功的爵士音乐家，几乎在五十部电影中出现过，晚年时他的声名遍及全世界。听他的音乐，无论是他的演奏或演唱风格都是明朗热情的，小时的贫苦不安生活在他音乐中毫无痕迹。他的嗓音有种温厚的沙哑，小号的音色也是暖的，哪怕是快速的即兴也不见尖厉刺耳，显示了他性格中的温厚与追求和谐。阿姆斯特朗与他同代的另一位爵士大师杜克·艾林顿的合作可称是爵士音乐史中的精品，在他们的音乐中阿姆斯特朗的温厚热情与艾林顿的潇洒摇摆结合起来，音乐丰满不乱，呼应清晰，这两位大师的温厚与明快，使爵士音乐的不谐和和声和不均稳节奏都显得谐和和均稳了。据说后来有不少人想摹仿阿姆斯特朗的音色，但做不到。

绝不多弹一个多余的音符

艾林顿是另一个在当时与阿姆斯特朗分享爵士音乐盛誉的作曲家、钢琴家。他的背景与前者不同，从小学钢琴，受到前辈音乐家很大影响。他的演奏出众，作品繁多，才华横溢。年轻时的成名使他的乐队首屈一指。当时的前辈大师兼爵士乐队领袖肯·奥利佛也因为他的出现受到观众冷落，这是题外话。艾林顿一生的作品极多，他创始了摇摆音乐，虽然没受到专业作曲训练，却在配器上别具一格。他的乐队成员个个是即兴演奏大师，他们可以根据作曲家的构思在试奏中即兴发挥，使乐曲充满每人的个性。艾林顿的作品受他的乐队成员影响很多。他从出色的乐手演奏中受启发，比如铜管乐家保伯·麦力

打击乐家佛让(Pheeroan aKlaff)
和我在纽约夏季音乐节上／1996
摄影／黄志淙

（Bubber·Miley）、垂基·萨姆·瑙顿（Tricky·Sam Nauton）等。艾林顿本人也是出色的钢琴演奏家，他的钢琴音色浑厚，音乐简练，在乐队中既能清楚地领奏又能退下去含蓄地隐在乐队之中毫不抢色。这是艾林顿的出色领奏方式，尽管他是第一流的独奏家，但他却绝不多弹一个多余的音符。

艾林顿是第一批能演奏、能在谱面上作曲配器的爵士音乐家和作曲家（大部分爵士音乐家只能靠即兴演奏来作曲）。不仅如此，他还把黑人音乐的呼应方式用在大型乐队的编制中，在当时是很前卫的做法。他不仅是历史上少有的创造力极强的爵士音乐家，公平地说，无论从什么乐种上来说，他都是个伟大的作曲家。

早期爵士音乐（二）

淡淡的忧伤

比利·豪利黛（Billie Holiday）是爵士音乐历史上一个很重要的角色，尽管她唱的都是一些简单流行的爱情歌曲，但因为她那柔和伤感又带点颓废色彩且毫无训练的特殊嗓音，和她歌曲中的缓慢悠长的调子及单相思内容融在一起，就形成了独一无二的个人风格，深受当时纽约知识分子们的狂热爱戴，后来成为全世界爱爵士乐人的崇拜偶像。听她的演唱，不仅能听到三四十年代特有的、风雅优美的伤感，也能从一个新的角度听到黑人蓝调音乐在大城市文明中的延续。豪利黛的声音是历

史上的珍品，人们对她的爱戴至今仍是赞美不绝。她的音色及她的演唱风格是学不来的。那种懒散的、颓废的、与世无争的美丽使音乐充满了柔和黯淡的色调，但那色调中又总有一团银灰色的光芒，使后代的歌手们无论再悲哀再欢乐或颓废或风雅都学不来那种美丽。也许那就叫时代的特征。豪利黛一生不幸，小时候她父亲弃家出走，直到她成功后父亲才承认她。家庭的分裂使豪利黛从小就没有稳定的生活，

爱米娜 (Amina C Myers) 在录音《缠》/1997

在伦敦与英国Rap 音乐家们
/1989/ 摄影 / Sarah Silver

四处游荡，15岁在纽约柏克林的小酒吧演唱，渐渐又去哈莱姆区的爵士酒吧唱，被音乐制作人约翰·哈孟德（John·Hammond）发现，从此进入爵士音乐界。但音乐上的成功并没有使她摆脱私生活的不幸，这不幸使她吸毒和酗酒。她曾因为吸毒坐牢，酗酒又破坏了她的健康，她的声音和听力都受到影响，使她在40岁左右就在艺术上失去了原有的光彩。

"大腮帮子"的幽默清爽

40年代的爵士音乐家们开始对商业爵士音乐反感，一些音乐家开始探索新的爵士音乐的语言，以更器乐化及反旋律的风格演奏。Bebop出现了，它的风格是更精确的器乐化音乐，更强调不整齐的停顿，以不同的风格再解释了和声的意义。Bebop的两个革命性的代表人物是迪姿·吉力斯皮尔（Dizzy·Gillespie）和查理·帕克（Chailie·Parker）。吉力斯皮尔不仅是个杰出的小号手，也是个杰出的作曲家。他的音乐充满了机智与敏捷的才思，并且首次把拉丁音乐与爵士音乐结合起来。他为了追求演奏上的特技和音色，把腮帮子越练越大，鼓起来像脸上多出两个大球儿，这样他可以在腮帮子里存够了气吹出他要的音色。据说他人也有幽默感，无疑的，他的幽默感使他的音乐有那种独到的清爽。即使在爵士音乐充满了种种变化后的今天，再听他的音乐，还是感觉清新。他的演奏音色清新透彻，音乐上保持了毫不混乱的运动，在不停运动与变化的和声和旋律中，能听到他的清晰的音乐思维；这种清晰，如今很多作曲家就是把谱子写出来，反复演奏后，再改了谱子也都做不到，更何况在吉力斯皮尔的音乐中却是大部分即兴演奏出来的。他的清晰和新颖的音乐思维是爵士音乐家中不常见的，也是在别种音乐家中不常见的。

"鸟"的绝响

查理·帕克的绰号是"鸟"。他曾在吉力斯皮尔的乐队演奏，受到吉力斯皮尔的很大影响，但因为性格不同，他的音乐和吉力斯皮尔很不同。他的早期音乐还是演奏传统的爵士乐，后来他感到："肯定有别的声音……我有时可以听到但演奏不出来。"多年后，他终于找到他要的声音，形成了他的风格。他在演奏中避免陈腐的旋律，而重视和声。他的音乐不仅受到流行音乐的影响，还受到古典轻松音乐甚至严肃音乐作曲家华格纳、斯特拉文斯基的影响，使他的音乐更雄性、认真。他的流动、快速、长短不均的乐句，有独到的停顿，在旋律上快速滑过时丰富了和声的内容，这都给后代的爵士音乐独奏家们很大的启发。直到如今，自由爵士演奏家们还是没有摆脱他的影响。我们如今听帕克这样的爵士音乐已经很习惯了，但想想当年帕克等人经历的创新过程，甚是伟大，可惜帕克也是因为吸毒和酗酒影响了他的神经和体质。他曾两次企图自杀，最后因为吸毒过量死在他朋友的公寓里。

关于豪利黛和帕克都有电影记载，因为他们的生活更有悲剧性而吸引制片人。但作为一个作曲家和杰出的演奏家，吉力斯皮尔无疑是爵士音乐史上一位潇洒的创史人。

爵士乐(三)

性情中的号手

爵士乐到了40年代,从传统爵士热火朝天地跨到了Bebop,赶潮流的人们还没喘口气就又出了新人。

麦尔斯·戴维斯(Miles Davis)生长在圣·路易斯东部,13岁学小号,两年后就吹得有了专业水平。后来他假装进了纽约的音乐艺术学院,实际上是想找机会接近他崇拜的偶像查理·帕克。终于他有了机会参加帕克的演出和录音,但作为一个新手,当时他得不断地在各种乐队里或在夜总会上演出,并没有他自己的领地。有次他非正式地参加了在Newport举行的爵士音乐节,没想到演出效果一鸣惊人。这才使他进入了爵士大师们的世界,有机会与各方高手合作,也有机会录他自己的音乐,成立他自己的乐队。但他的成功并不是因为仿效当时最风行的吉力斯皮尔式的快速的bop风格,而是以一种全新的叙述方式出现。有人说部分原因是他的技术有限,爱出错,但众所周知的更大原因是他对音乐的追求另有别境。正如他自己所宣称:"生来就酷(cool)。"他的"酷"演奏风格使他成为cool jazz 的创始人。他的演奏风格是讲究圆润、平衡,有约束的动力和节奏,旋律优雅但不风骚,舒展乐句绝不煽情。这风格一时迷倒了听众,别的演奏家也跟着效仿。可等这风格一流行起来,他就马上又放弃了,开始找了专奏火热的bop音乐的能手作bop。后来他又创始了爵士摇滚乐,再后来他的音乐更具试验性。在他的"白色、黄色、橙色、红色、绿色、蓝色……"

等作品中，他用了近乎印象派音乐的色彩加上他的爵士、摇滚乐来表达他对颜色的理解，使人联想到他同时也是个艺术家。他的音乐风格的变化多于任何爵士音乐家，是在爵士音乐史上最富有变化、最热情于创新的性情中人。从他的所作所为，看出他其实是个绝不想入俗套、入流之人，哪怕是他自己创作出来的潮流他也不愿意跟从或重复。历史上能这么做的音乐家少之又少，不断否定和改变自己需要胆量。如果光听戴维斯的多种风格的音乐可能会一时被他弄糊涂了，不知他到底要的是什么，但如果仔细听他的演奏，可以发现他一如既往地"酷"。无论是他用什么变化多端的音乐效果，无论是浪漫的传统和声还

作者去给购买她光盘的音乐爱好者签字。
摄影／鲍昆

是绚丽的印象派或是爵士和声的幽默或是摇滚乐的极端,都没有影响他的"酷"。所有不同的音乐风格只是烘托出他的杰出艺术气质 。在他的"酷"之下,又若隐若现出来感人的痴情。这种多重的气质造就了他的罕有的音色,也造就了他多变敏感的举止,使乐队的人没法和他长期合作。照片中的戴维斯总是矫健机智的样儿,这个杰出的音乐家同时又是一个专业拳击家,运动与音乐对他同样重要。但在70年代,他差点儿被车祸毁了,后来又有五年被肺病折磨等。1980年后他才开始了新录音和巡回演出。因为他在早年与早期音乐大师们的合作关系,使他成了人们传说中的活神话。据说他本人不喜欢被当成活神话,因为他是个不停地在找新风格的人,得不停地跟更新一代的音乐发生关系,他不想被誉为先师,但也无可奈何地被音乐历史供在史册中。

哈莱姆区的碰撞音

任何一个人听了德罗尼欧斯·莽克(The lonious·Monk)的演奏都不会忘,他的第一个音符一按下去就像是要把哪儿敲出一个小圆坑来。一个个小圆坑敲下去,不起土,干净利索,准确无误。这个从小在纽约哈莱姆区长大又从哈莱姆区音乐圈中起步成名、乃至最后成了美国音乐史上有重大影响的钢琴大师,却常常在演奏上被误会。因为他在即兴时选择的不是传统爵士乐常规和声,又不常弹奏大多爵士钢琴家那种一连串的快速音符。他更喜欢演奏动机型音乐,更重音色,喜欢碰撞音,一旦快奏,则像一大桶水泼下来,一泼到底,泼得实在而不虚华。人说他的演奏风格是哈莱姆区音乐家的传统，触键有力，乐语惊人。但他对复杂的即兴与逻辑性的结构控制有同等超人能力，是古今爵士钢琴家中罕见的。难怪人们谈到那一代人就不可忽略地要提到这位杰出的爵士钢琴家和有影响力的爵士作曲家。

随心而奏

巴德·鲍威尔（Bud Powell）从小就受到莽克的指教和保护。他 18 岁时在演奏上显出了惊人的个性。但这位杰出的音乐家在年轻时因为一次种族事件而头部受伤，以致成了严重的神经衰弱者，在疗养院过了很长时间。出了疗养院，他在公开场合开始演奏，后又去了法国巴黎，几年后又回美国。尽管他早期受到莽克的影响，但他的风格与莽克截然不同；他没有那么清晰的目的，随心而奏，时而重复旋律，时而在不规律的空间停顿，用种种反钢琴演奏的手法弹奏但又同时保持了钢琴演奏家的灵巧清晰，也不放过传统欧洲钢琴家奏法中和声体系。他不仅是演奏爵士bop的大师，又能出色地演奏欧洲传统钢琴音乐，把它们变奏成爵士风格，他在欧洲的生活经历从手指间流出来。他在钢琴上没有目标地走走跑跑，毫无障碍。在他的早年实况录音中，可听见音乐家边奏边哼唱，说不出是快乐还是忧伤，手下弹的和嘴里唱的有时是一回事有时不是一回事，那哼唱也是漫无目的，把人带到音乐家青年时代的遭遇和他的灵魂深处。

文化不可交流

Cultures can't be Exchanged

在中国的时候，无论我出国或是在国内与外国艺术家开见面会，我都代表中国，那叫交流。后来我真出了国成了自由职业音乐家，谁也不代表了，才真明白什么是交流。原来我们通常讲的文化交流其实是交流文化中的陈词滥调。

——刘索拉

这是一篇从反面立论的文章。而从反面立论，常常更能揭示一些被常识忽略的真理。

—— 田青

文化
不可
Cultures can't be Exchanged
交流

我想主办人请我来主要是想在我发言时大家可以休息，因为我讲的太浅显简单了，讲的不是学术，主要是些个人的感受。

当主办人向我要这次会议的发言题目时，我正和一些主办演出的英国人生气，就张口说："文化不可交流。"其实当时说的只是气话，没想到已经被会议当真了，印成了标题，我只好顺着往下说。

在中国的时候，无论我出国或是在国内与外国艺术家开见面会，我都代

田批：

这是一篇从反面立论的文章。而从反面立论，常常更能揭示一些被常识忽略的真理。

人们常爱说"音乐没有国界"。人们说这句话的意思是褒扬音乐的超地域性、超民族性和超语言性。但随着欧洲中心主义的被质疑，随着文化多元理论的传播，越来越多的学者现在开始在强调文化

相对主义的同时，强调民族音乐就像任何一种文化一样有其独特的背景和内涵，而了解这独特的文化背景和内涵，从而进一步了解这独特的音乐，是需要学习的。也就是说，一个该文化圈外的"他者"，不能够不经过学习过程而自动进入并理解这种文化。认识到这一点，是人类认识的进步，同时，也是对自人类产生以来就普遍存在的文化交流现象的积极补充。我自己觉得，只有在此意义上才不至于曲解所谓"文化不可'交流'"的命题。

当然，文中还提到一些属于所谓"后殖民主义"的现象，这些现象产生的原因极其复杂，既有历史政治造成的心理阴影，又有经济发展不平衡所带来的认识的差异；既有水火不容的不同利益集团在文表中国，那叫交流。后来我真出了国成了自由职业音乐家，谁也不代表了，才真明白什么是交流。原来我们通常讲的文化交流其实是交流文化中的陈词滥调。比如一些文化的表面现象：美国百老汇、好莱坞、中国功夫片、深圳文化村等，而真正的文化都是各自独立的，有时很难沟通，因为真文化像矿藏一样深，在地上走路的人不会感到，没学过地质的人也不会明白石头是怎么回事。

而且最可怕的是，这个世界已经决定了只有一种文化是中心文化——就是欧美文化。欧美文化使所有别的文化都变成少数民族文化。哪怕在闭塞的中国大陆，欧美的审美也是审美的第一标准。比如大陆的作家恨不得天天讨论怎么得诺贝尔文学奖。而一些欧美学者对第三世界文化的所谓支持，如果只是建立在居高临下的地位而不真正懂得那种文化，只能是会破坏那种文化的自我和自信。比如我常听到一些欧美学者对我说"你们中国人应该……怎么怎么……为什么你们中国

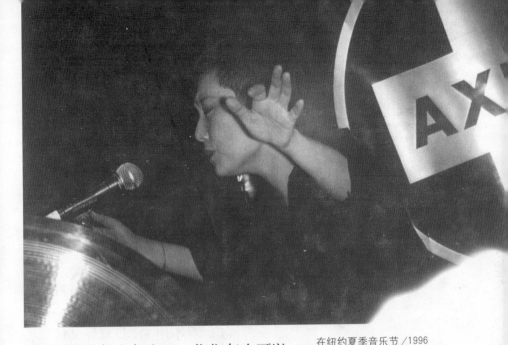

在纽约夏季音乐节／1996
摄影／黄志淙

人不……怎么怎么……你们怎么可以这样……太……可怕了！你们中国人现在都这样！……"好像中国人的文化感觉是要欧美人来决定。

我现在也并不是要下定论，凭我的工作经验说一些事实和困难，可能悲观了一点儿，但这些困难也确实摆在我们面前。

先说语言。它的不可交流的最大的体现是译文。无论译文怎么好，地方语言仍是无法真正表达出来。因为地方语言不仅是地方色彩，而是和每个地方的历史有关，随着历史的发展而变化。同是北京话，每代人和每代人不同，每种人和每种人不同，同一件事可以用不同的方式表达，完全取决于不

化领域里的争斗，又有由于方法问题带来的暂时的理解困难。

就在我写下这段文字的时候，我连着接到两个朋友打来的电话，他们都对2000年诺贝尔文学奖的结果表示惊诧和不可理解。这似乎是为刘索拉"文化不可'交流'"论提供的最恰当合适的新例证。大部分中国人对颁奖结果所表示的不理解和哭笑不得，与其说是对大名鼎鼎的诺贝尔奖的失望与怀

疑，不如说是对不同文化究竟能否真正理解的怀疑。当我把此事用电话告诉索拉时，只有她表现得出奇的冷静和平淡。她只是笑着问了一句："是吗？"就立刻说："其实给谁都无所谓，诺贝尔奖就是那么回事儿！"

认识到"诺贝尔奖就是那么回事儿"也是一个进步。再进而认识到汉语文学在世界文学中的地位也"就是那么回事儿"，文学在人类生活和社会视角中也"就是那么回事儿"，这进步就更大了。至于"公平"之类的要求，就更过奢侈。

不过，我还是认为对文化交流的历史功绩、可能性、必要性做正面评价是十分必要的。著名的人类学家弗朗兹·博亚兹说："人类的历史证明，一个社会集团，其文化的进步往

同的人文背景。这对译者已经很难，对国外读者更难。所以在国外受欢迎的中国文学往往是作家不用很强的地方色彩语言写作的文学。我常听到国外一些人问我：某某的作品好在哪儿？我问：你看的是原文还是译文？答曰：译文。我只好替作家解释：语言、幽默……答曰：看不出来。我只好又怪译文。其实难为译者，就算译出来了，读者也不见得懂。外国人没经历过抗战、"文革"、改革开放。他们对所有这些的了解只是通过读那些图解式的写作来完成的，给他们点儿地道的深层感觉他们不仅觉不出来，弄不好反而还得说你的感觉是错误的，因为你没给他们那种惯常读到的语言。

在伦敦，大家知道最有名的幽默大师约翰·克利斯、蒙提·柏森……我常听着他们大笑。可英国人听到我笑，会问：你们中国有这么好的幽默吗？我说，当然。于是对方眼睛里透出不信的表情，说：怎么我没看出来？

幽默是看出来的吗？得听。就算听也不见得互相能听懂。我听英国的幽

默时常常得请人解释，等解释完了，谁都不觉得逗了。幽默是不可解释的。幽默是文化的产物。但在文化已有了中心的这个世界，幽默也有了等级。北京人的地方主义使他们不承认外地人也有幽默，而伦敦人干脆觉得他们拥有幽默的惟一世界版权。这下，北京人没脾气了，北京幽默到底只在北京流行，而英国幽默却畅销世界。英文是世界语言，自然地，咱们只好把幽默的特权让给英国。

记得 1992 年在美国各大学巡回演讲时，一次我刚念完一段儿我的新作品，就听一个美国大学生问："你们中国也有骂人话吗？"我说："当然。"他说："这不可能，这肯定是从我们美国学去的。"我只好解释我们中国有几百种骂人话。他脸上的吃惊表情不亚于那位听说我们中国也有幽默的英国人。

闹了半天，连骂人的版权也早让美国人先占去了！

幽默的特权是英国人的，骂人的特权是美国人的，语言是由译文决定的，我们这些在国外搞"文化"的人还剩什

往取决于它是否有机会吸取临近社会集团的经验。一个社会集团所获得的种种发现可以传给其他社会集团；彼此之间的交流愈多样化，相互学习的机会也就愈多。大体上，文化最原始的部落也就是那些长期与世隔绝的部落。"交流是困难的，但舍此我们别无他途。

么了？别急，还有几条活路，就是把你自己装进以下几种形象里去：

一、民主斗士。

二、坐过牢的老干部。

三、右派。

四、总而言之好歹无论从哪方面被压制的天才（比如性压抑）。

五、中国文化的纸上导游士。

六、什么都当不成，就大谈老子、庄子、道家、佛家、儒家。

如果不当上述几种人你就面临危

在美国中部的印第安寨子里，虽然看不到我的脸，但我的确在听印第安人演奏／1992

险。你说你要把自己当个人享受享受文化自由交流，当心，纯文化的斗士们绝不会放过你。非洲歌星于孙·多，是欧美人从非洲把宝挖到欧洲市场来的。作为地道的非洲音乐代表他得到了最高的评价，但当他也像欧美人一样对别种文化感兴趣而把欧美音乐放进他的音乐中去的时候，他马上身价大跌。批评家们认为他丢掉了非洲的灵魂。至于于孙·多到底丢没丢灵魂或他要什么灵魂那是他的事，但欧美批评家这里同样只延用一种批评方法——欧美中心的方法：站在高处指教第三世界艺术家应该做什么。如果于孙·多用了欧美配器法是丢了老祖宗，那么保罗·西蒙干脆用非洲乐队、非洲节奏给他伴奏，而皮特·盖博瑞则一心推动"世界音乐"的风潮，他们是不是也丢了灵魂？不是。这叫文化交流。叫支持第三世界。批评家们只会为他们叫好。所以交流的版权也没你的份儿，人家可以拿你的，你不可以拿人家的。道理很简单：你拿了人家的，你就是殖民主义的走狗，你就是在帮殖民主义文化的忙。因为你的国家早被欧美殖民过，你是第三世界，人家欧美左派是在帮你们反殖民文化，你不能这么不争气，你该帮世界维持一种理想——原始优美的第三世界的理想。混合文化是文化中心的权利。人家如果用了你的，你该乐死，人家是在反对殖民文化，给世界带来平衡。你没听过人家质问吧："为什么你们中国农民要用机器？中国以前多么美！全是耕牛，像画儿一样，而现在全被机械破坏了！"质问者脸上的伤心表情真像一个被可恶的中国农民破坏了最后梦想的纯情的受害的艾丽斯。

　　中国农民有没有权力在耕牛与机器之间做选择？他们生下

来是为了给欧美理想主义当画儿用的吗？

在欧美，我常见的有两种人，一种是所谓保守派，他们听说一个亚洲人会拉提琴都会惊讶，就像一个中国人看见老外会拉二胡一样吃惊。另一种人是积极给第三世界帮忙的人，他们拼命要给第三世界自信，我佩服他们的毅力和鉴赏力，但同时也想提醒一下，在这些好心的帮忙中，是否该防止一种新的殖民主义观念？是否该防止

为治病作的画／1991

创造一种新的救世主形象？

　　我们是生在一个文化交流的世界里，哪怕你拒绝交流，你也早在衣食住行上交流了。无论我们怎么死守我们的灵魂的纯粹性，我们也早就不纯了。自从马克思主义引进中国，我们中华人民共和国就早"西化"了。全世界的处女地都差不多被开垦了，交流是人之常情，我本人更是对文化交流狂热迷恋，但交流来交流去，中国人还是不爱吃契司，而欧美人根本不可能吃臭

吴蛮、佛南多（Fernando Saunders）、我和佛让（Pheeroan aKlaff）在北京排练／1999

摄影／郭盖

豆腐。

但我还是主张交流。这不是起哄吗？且慢，我要是不忙着交流，哪生出这些邪说来？文化交流可使我们的脑子变成万花筒，这么一动，出一个景儿，那么一动，又是一个景儿。动大了，景儿多了，也就乱了，乱了不要紧，在乱中你要是不把自己丢了，你还没准儿又捡回另一个你来。

1993 年 1 月底香港国际文化会议的发言，1993 年底整理。

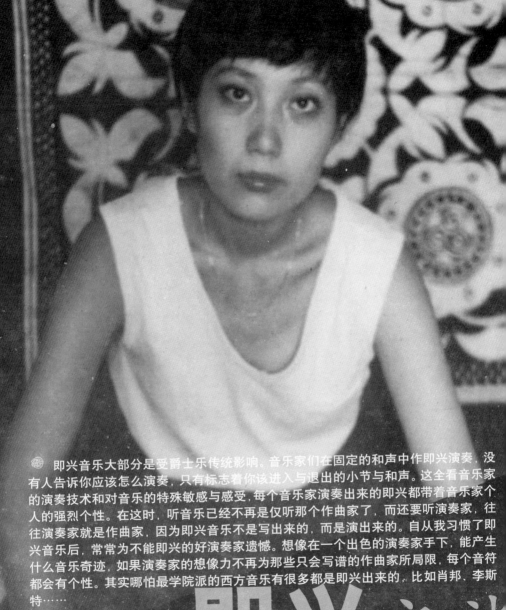

即兴音乐大部分是受爵士乐传统影响。音乐家们在固定的和声中作即兴演奏，没有人告诉你应该怎么演奏，只有标志着你该进入与退出的小节与和声。这全看音乐家的演奏技术和对音乐的特殊敏感与感受，每个音乐家演奏出来的即兴都带着音乐家个人的强烈个性。在这时，听音乐已经不再是仅听那个作曲家了，而还要听演奏家，往往演奏家就是作曲家，因为即兴音乐不是写出来的，而是演出来的。自从我习惯了即兴音乐后，常常为不能即兴的好演奏家遗憾。想像在一个出色的演奏家手下，能产生什么音乐奇迹，如果演奏家的想像力不再为那些只会写谱的作曲家所局限，每个音符都会有个性。其实哪怕最学院派的西方音乐有很多都是即兴出来的，比如肖邦、李斯特……

即兴之谈

Impromptu Talk

即兴之谈

即兴之谈

　　我是 1991 年第一次与"进念"合作。那出戏叫《烈女传》。我坐了一天一夜的飞机飞到香港，荣念曾派胡恩威去机场接我，第一句话就是："要不要今晚和'进念'的人去舞会跳舞？"后来的几天，老荣叫我体验生活，与"进念"的女孩谈心。我试着跟她们谈，结果是她们只问我问题，要我回答，我问她们问题时，她们就不回答。没过几天，我觉得她们知道我比我知道她们要多得多。感觉我一个人赤裸着，又不知凭什么。老荣说："你必须知道'进念'，才能与'进念'工作。"我又试着参加"进念"的聚会，在聚会上，仍是弄不清"进念"的大方向。我与"进念"做了一些 work shop，基本上是即兴动作，即兴发声，还是不知道除了这些有什么别的可做。我当时是与香港歌星黄耀明一起录音，录音师是沈圣德，在我做好音乐后我做了即兴演唱，黄耀明也配合得很好，我又用剪接音响技巧作了有大型音乐舞蹈史诗做素材的摇滚音乐。音乐做完了，老荣说我得参加演出，可是我每次去参加排练时都是看到"进念"在做即兴练习，从来没见到有一场下来是一样的。满大街都是关于我要领演的广告，可我这个领演不知道怎么演。没人告诉我该怎么演，也没人理我。"进念"的人在每天做不同的即兴练习，没人走过来说，你该在什么地方出场，干什么，什么地方退下去。我跟老荣急了。我说，这不是演戏。我演不了。我算干吗的？老荣跟我也急了。这场吵架的内容很荒唐，不

与香港"进念"的演员们
在一起／1991／摄影／沈盛德

用说了。后来我们又开始继续合作，我干
脆采取了一种放松的态度，坐在一边看
"进念"。女孩子们想出一大堆她们平日说
不出的心理性问题，结合即兴动作练习，
编成她们自己的动作，舞蹈，直接，大胆。
临演出那天，我才知道大概的剧情安排，
知道我该大概在什么地方上台下台，但他
们说，这只是大概，到了台上，"进念"还
会改戏，我得在台上见机行事。第一场演
出，观众满座，演员们阵容齐整，我放了
心；可第二场演出前，他们告诉我说戏又
改了，我上场前才知道怎么改法，上场后
才现想我该怎么参与；第三场演出时我上
场前听说是戏又改了，但不记得有人告诉
我哪儿改了，还好像是说演员们因为这两
天的成功演出情绪出来了，在台上随时有
可能要改戏，谁都不知道他们在台上做什
么，只好大家到了台上见机行事。当然戏
的大内容还是在那儿，要玩儿即兴也都是
在大框架中的变化，演员只需要在这些即
兴中应付细微的小变化。有些小结构也变
了，但毕竟不会在你即兴时就拉幕，所以
也不必担心。没想到这三场是场场满座，
但有人说是反动流氓加看不懂。

给香港"进念"剧团演员作
音乐工作坊 /1996/ 摄影 / 香港
《信报》记者何泽

我不知道是不是"进念"的即兴观念也受了音乐的即兴观念的影响。即兴音乐在中国不流行，在香港可能也不流行。我是出国后与国外音乐家合作才养成了即兴音乐的习惯。即兴音乐大部分是受爵士乐传统影响。音乐家们在固定的和声中作即兴演奏，没有人告诉你应该怎么演奏，只有标志着你该进入与退出的小节与和声。这全看音乐家的演奏技术和对音乐的特殊敏感与感受，每个音乐家演奏出来的即兴都带着音乐家个人的强烈个性。在这时，听音乐已经不再是仅听那个作曲家了，而还要听演奏家，往往演奏家就是作曲家，因为即兴音乐不是写出来的，而是演出来的。自从我习惯了即兴音乐后，常常为不能即兴的好演奏家遗憾。想像在一个出色

2000年在香港科技大学任驻校艺术家、办音乐工作坊时，教学生们即兴表演。

的演奏家手下，能产生什么音乐奇迹，如果演奏家的想像力不再为那些只会写谱的作曲家所局限，每个音符都会有个性。其实哪怕最学院派的西方音乐有很多都是即兴出来的，比如肖邦、李斯特，只不过他们能再把谱子写出来，这是他们与爵士音乐家的不同。很多爵士音乐家不会记谱，这就造成了一种误会，以为传统音乐是不即兴的，只有现代的试验性音乐和爵士、流行音乐才即兴。再细想，中国的传统音乐必大都来自即兴，但因为有人记谱把它们固定下来，传下来，到了后一代就成了不准弹错的曲目，其时最早的演奏家一定没想那么多，不过是即兴抒发，又玩弄技巧，到了后代，这一时的痛快就都变成了后代们必须勤学苦练才能仿效的版本。而爵士乐是惟一没有延续这个规则的，也有老一代的谱子传下来，但爵士音乐家们都没想到要仿效老一代的谱子，他们只有时会承袭风格而已，每个人都知道要当个好爵士音乐家就得即兴自己的语言音乐。爵士音乐使大胆的初学者误以为轻松，直到开始演奏才不断发现本身的局限性，因为要挑战的对手是你自己。在这个意义上，与传统钢琴家、古琴家都不同。也许这原因使爵士乐成了一半学院派，而不是全部的学院派，因为它太主张演奏家本人的个性。在纯粹的学院派中，只有前辈大师们的个性和如何学习与领会大师们的个性。

说这些并不离题，如果想想音乐中的爵士乐，或更不学院派的流行音乐，就能理解"进念"想在戏剧中做的事。"进念"想在戏剧舞台上即兴，不是用音乐，而是用观念、文字、动作。惟一不变的是已经设计好的舞台，如果不是因为太贵，我敢说他们会每天改动舞台。他们即兴演奏他们的想法。香港社会、背景、历史是他们音乐中的和声。在这个大和声架构中，他们即兴。因此看他们的戏，你

在香港／1991

得懂香港，还得懂什么叫即兴。

　　"进念"惟一缺的是专业创作人员对成员们进行一定的专业训练使即兴达到专业程度。好比听一个萨克斯风或吉他演奏，你要听的不光是音乐，还有演奏风格，包括技巧。但"进念"的人既不是音乐家也不是演员，他们是普通人。是爱好表演，想通过戏剧找到部分自我的年轻人，如果把专业训练搞得像学院派戏剧一样，"进念"的人也都不会来了，因为学院派的训练不是帮你找自我的，而是帮你找工作的。"进念"的人大都是设计师之类，他们不发愁工作，发愁的是那部分在正常生活中发泄不出来的自我。这是为什么有"进念"。我明白这个也是通过看《烈女传》中那些在台上用动作和叫喊自白的女孩儿们。

　　后来，再为"进念"作音乐时，我就专用"进念"的声音。不太注重用乐器。因为"进念"的人想说话，何不用他们想说的作音乐？再后来就发展到训练他们出声，让他们唱，不管唱好唱坏，那是他们自己的声音。在这些训练中，他们可以说，可以唱，可以喊，可以编自己的音乐，走调者可以当领唱等等。我一向主张人们听自己的声音。这是一个心态问题。在欧美，除了古典歌剧，其他的声乐表演都显示出极大的个性。而在中国，所有的声乐演唱都只有几种模本：学院派、民歌派、半学院派（诸如被训练过的地方戏演员、文工团员）、邓丽君派。仅有的有个性的声乐艺术家是那些从1949年以前过来的老艺人。他们的声音中常含着自我训练和自我肯定的痕迹。那声音可能是沙哑的、粗糙的原声，但充满了一个人的个性和人生经历的痕迹。这种发声在欧美的声乐表演中处处可见，现在的中国基本已经绝迹，因为我们相信发声的科学模本（或叫科学发声法）。

"进念"的表演也没有任何戏剧科学而言。人要说话。香港想说话的人以前可能不多，因此"进念"显得多余，看着奇怪。以后香港想说话的人会越来越多，"进念"也可能就不存在了。那时大家想起来，当初有个剧团叫"进念"，我们还可以把话打在幕布上说。尤其是对年轻人，不是所有的年轻人都想进演艺学院或音乐学院，但他们有时也想置身于舞台，"进念"不给他们压力，他们可以到台上来实现舞台梦。

和母亲在香港／1991

刘索拉简介

　　刘索拉，祖籍陕西志丹，生于北京。现为作曲家、小说家、人声表演艺术家。1969年随父母到江西峡江县中国地质部"五七"干校务农。1970年返京。1971年初中毕业后待业。1973年到北京蓝靛厂中学任音乐教师，后被借调至北京市少年宫任钢琴伴奏员。1977年考入中央音乐学院作曲系学习，1983年毕业后分配至中央民族学院音乐舞蹈系任教。1986年加入中国作家协会。同年成为北京作协合同制专业作家。1988年后旅居英国。1982年开始发表作品。1985年发表代表作、中篇小说《你别无选择》，描写某音乐学院作曲系的青年学生寻求实现自我价值过程中的失落、困惑、苦闷与躁动，从内容到形式都具有较明显的现代主义色彩，引起巨大反响。获1985-1986年全国优秀中篇小说奖。其他主要作品有：中篇小说集《浑沌加哩格楞》、《你别无选择》，中篇小说《蓝天绿海》、《寻找歌王》等。她的小说借鉴西方"黑色幽默"和荒诞派的艺术表现形式，表现当代青年知识分子的现代意识，被认为是中国当代文学中较早显露出现代派特点的"先锋小说"家。刘索拉目前定居纽约。在作曲、演出及写作之余，亦经常受邀到各大学演讲。她在美国经常举办音乐会，或是接受作曲邀约，与知名音乐家和世界级乐团合作。她于1997年在纽约成立自己的音乐唱片制作公司——ALSOPRODUCTIONS，意图使中国传统音乐以一种新形象进入世界音乐界。刘索拉的音乐作品风格多样，除了爵士、蓝调、摇滚等现代创作外，亦包括电影配乐、音乐舞蹈剧、歌剧交响乐及现代室内乐等。她的近期主要音乐作品有激光唱片《蓝调在东方》、《中国拼贴》以及自组公司之后的《缠》、《六月雪》、及《春雪图》等。刘索拉亦经常参加世界各地的音乐节，包括1988年的韩国奥运音乐节、英国伦敦的国际声乐节、前苏联国际摇滚音乐节，英国WOMAD世界音乐、纽约中央公园夏季音乐节等。

田青简介

　　田青，音乐理论家，作家。"老三届"，曾"上山下乡"，在黑龙江农村插队4年。毕业于天津音乐学院作曲系和中国艺术研究院研究生部音乐系。现为中国艺术研究院音乐研究所研究员、中国佛教文化研究所特邀研究员、中国佛学院客座教授、北京佛教乐团顾问、中国国际文化交流中心理事。

　　主要致力于民族音乐研究，其佛教音乐研究被认为是该领域的学科带头人。亦兼写随笔、诗歌、音乐评论及影视剧本。发表专著、论文及文学作品约100万字，主编专业书籍约900万字。其中主要有《佛教与中国音乐》、《中国佛乐选萃》、《中国汉传佛教常用唱诵规范谱本》、《中国宗教音乐》、《中国音乐年鉴》(第一卷至第九卷)、电影文学剧本《钟魂》、《杨贵妃》、诗歌集《老歌》、散文随笔集《历史的性别》等。曾应邀在英国牛津大学、剑桥大学、伦敦大学、里兹大学、约克大学、爱丁堡大学、荷兰莱顿大学、德国巴伐利亚音乐学院、海德堡大学、捷克查理斯大学等著名学府讲学。